MARCO POLO

W0034419

NIZZA

ANTIBES, CANNES, MONACO

Reisen mit **Insider Tipps**

GROSSBRITANNIEN BELGIEN DEU LUX. Fr
Paris
ATLANTISCHER OZEAN
Loire
Seine
Dijon
SCHWEIZ
FRANKREICH
Lyon
Rhône
ITALIEN
Bordeaux
Nizza Monaco
Marseille Cannes
SPANIEN AND.
Mittelmeer Korsika (F)

> Ich mag das Klima, die Natur, die Küche und die Märkte mit ihren Farben und Gerüchen. Und: Das Leben spielt sich das ganze Jahr über draußen ab.
> *MARCO POLO Autorinnen*
> *Jördis Kimpfler und*
> *Muriel Kiefel*
> (siehe S. 147)

Spezielle News, Lesermeinungen und Angebote zu Nizza:
www.marcopolo.de/nizza

Nord

CIMIE
CARABAC

NIZZA

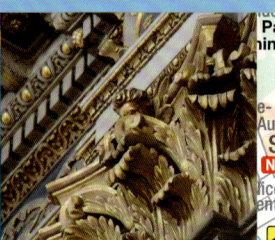

Parc des
Miniatures ■

BARRIMASSON **NIC**
D6098

e- CAUCADE
Augustin
SAINT-AUGUSTIN
N99
Nice-Prom. des Anglais
ent-

✈ Aéroport de Nice
(Côte d'Azur)

> SYMBOLE

 **MARCO POLO
INSIDER-TIPPS**
Von unseren Autorinnen
für Sie entdeckt

★ **MARCO POLO
HIGHLIGHTS**
Alles, was Sie in
und um Nizza kennen
sollten

☼ **SCHÖNE AUSSICHT**

📶 **WLAN-HOTSPOT**

▶▶ **HIER TRIFFT SICH
DIE SZENE**

> PREISKATEGORIEN

HOTELS
€€€   über 110 Euro
€€   85–110 Euro
€   bis 85 Euro
Preise pro Nacht für zwei Per-
sonen im Doppelzimmer ohne
Frühstück in der Hochsaison

RESTAURANTS
€€€   über 35 Euro
€€   25–35 Euro
€   bis 25 Euro
Preise für ein Menü (Vor-,
Haupt- und Nachspeise) ohne
Getränk bzw. für ein Hauptgericht

> KARTEN

[130 A1] Seitenzahlen und
Koordinaten für
den Cityatlas Nizza,
Cannes, Antibes
und Monaco und di
Umgebungskarte
auf S. 138/139

Verkehrslinienplan Nizza im
hinteren Umschlag

Zu Ihrer Orientierung sind
auch die Objekte mit
Koordinaten versehen, die
nicht im Cityatlas eingetragen sind

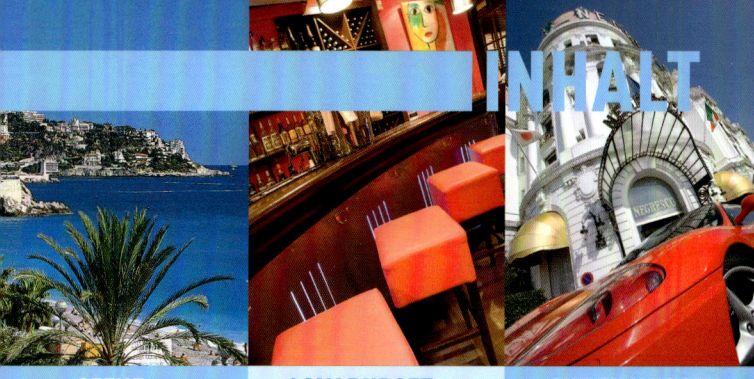

INHALT

> SZENE

S. 12–15: Trends, Entde-
ckungen, Hotspots! Was
wann wo in Nizza los ist,
verrät der MARCO POLO
Szeneautor vor Ort

> 24 STUNDEN

S. 86/87: Action pur und
einmalige Erlebnisse in
24 Stunden! MARCO POLO
hat für Sie einen außer-
gewöhnlichen Tag in
Nizza zusammengestellt

> LOW BUDGET

Viel erleben für wenig Geld!
Wo Sie zu kleinen Preisen
etwas Besonderes genießen
und tolle Schnäppchen
machen können:

Der Nice Riviera Pass S. 34 |
Mittagsmenüs günstig und
gut S. 52 | Schnäppchen im
Schlussverkauf S. 62 | Rock-
musik live und umsonst S. 70
| Vollpension im Jugendhaus
S. 78 | Luxusyachten in Anti-
bes S. 92 | Crêpes und Pizzas
in Cannes S. 102 | Zimmer in
Cap d'Ail S. 109 |

> GUT ZU WISSEN

Kunst made in Nizza S. 10 |
Entspannen & Genießen
S. 37 | Bücher & Filme S. 44
| Gourmettempel S. 50 |
Spezialitäten S. 54 | Fußball-
fieber S. 68 | Luxushotels
S. 76 | www.marcopolo.de
S. 118 | Blogs & Podcasts
S. 120 | Was kostet wie viel?
S. 121 | Wetter S. 122

AUF DEM TITEL
Öffentliche Kunst: die Stadt
als Galerie S. 13
Grüne Oase im Jardin
Japonais S. 107

ENTDECKEN SIE NIZZA!

Unsere Top 15 führen Sie an die traumhaftesten Orte und zu den spannendsten Sehenswürdigkeiten

Die Highlights sind in der Karte auf dem hinteren Umschlag eingetragen

 Cours Saleya
Nizzas Platz der Plätze – und Märkte mit Blumen, Gemüse und Oliven (Seite 26)

 Opéra de Nice
Im Innern des Gebäudes verbirgt sich ein mondäner Opernsaal mit Samt, Kristalllüstern und Fresken (Seite 26)

Musée d'Art Moderne et d'Art Contemporain (MAMAC)
Das Blau von Yves Klein, die Schreibschrift von Ben, gepresste Autowracks von César: Kunst des 20. Jhs. (Seite 30)

 Port Lympia
Der beschauliche Hafen von Nizza – Yachten werden poliert, Fähren warten auf ihre Passagiere, und in den Fischrestaurants wird geschlemmt (Seite 35)

 Musée Matisse
Henri Matisse' Schaffen von Anfang bis Ende: zu entdecken hoch über Nizza in einer genuesischen Villa (Seite 40)

Musée National Message Biblique Marc Chagall
Chagalls Vermächtnis an Nizza in einem eigenen Museum: Seine biblische Botschaft steckt voller Farben, Formen und Licht (Seite 40)

Cathédrale Orthodoxe Russe Saint-Nicolas
Die Russen haben das Nizzaer Stadtbild mitgeprägt. Am eindrucksvollsten mit ihrer Kathedrale, der größten außerhalb Russlands (Seite 40)

> DIE BESTEN MARCO POLO HIGHLIGHTS

⭐ Alziari
Die Welt des Olivenöls in Nizzas Altstadt – hier findet sich alles, was das Herz des Olivenliebhabers begehrt (Seite 59)

⭐ Promenade des Anglais
Die Prachtpromenade der Engländer. Ein Mekka für Jogger, Inlineskater, Radler und Spaziergänger (Seite 80)

⭐ Colline du Château
Ein kleiner Aufstieg, dann die Belohnung: die schönste Aussicht auf Nizza und die Baie des Anges! (Seite 83)

⭐ Musée Picasso
245 Werke des spanischen Meisters im schönsten Gebäude von Antibes, dem Schloss Grimaldi (Seite 91)

⭐ Boulevard de la Croisette
Palmen, Hotelpaläste, Strandbars. Cannes' Promenade erfüllt alle Vorstellungen von der Côte d'Azur (Seite 97)

⭐ Le Palais Princier
Das Wahrzeichen Monacos, die Residenz der Grace Kelly und der Fürstenfamilie Grimaldi (Seite 107)

⭐ Villa Ephrussi de Rothschild
Eine herrschaftliche Villa am Cap Ferrat, umgeben von den schönsten Gärten (Seite 116)

⭐ Fondation Maeght
Kunstschätze im Hinterland von Nizza. Werke von Bonnard, Chagall, Giacometti, Léger, Miró sind hier in Saint-Paul de Vence versammelt (Seite 117)

WAS FÜR EINE STADT!

Nizza

AUFTAKT

> Nizza ist bunt wie ein Regenbogen: blau die Bucht, rot die Dächer, ockergelb die Häuser und grün die Gärten. Das mediterrane Licht lässt die Farben intensiver leuchten als anderswo. Und das an über 300 Sonnentagen im Jahr! Es riecht nach Meer, Gewürzen und Blumen. Die Tage verfliegen. Morgens ein Marktbesuch auf dem Cours Saleya, einem der schönsten Märkte der Côte d'Azur; dann auf der Strandliege dem Geräusch der Wellen lauschen, sich von den Farben Chagalls betören lassen und abends ins Nachtleben eintauchen. Natürlich erst nach einem stilvollen Diner. Lassen Sie sich treiben durch das lebendige Nizza!

> Lange galten Nizza (Nice) und die Côte d'Azur ausschließlich als Glamour-Metropole und Ruheständler-Paradies. Heute ist Nizza weltoffen, jung und dynamisch. Rund 380 000 Ew. leben hier; fünfzig Prozent davon sind unter vierzig. Das Leben in der Stadt ist ein buntes Gemisch aus gemütlich flanierenden Genießern und Inlineskatern mit iPod am Gürtel. Ebenso kontrastreich ist das Angebot, mit dem Nizza Sie überraschen wird: Restaurants im traditionell provenzalischen Stil neben modern experimenteller Küche; Museen mit Werken aus vergangenen Epochen neben junger, innovativer Kunst; schicke Strandbars neben öffentlichen Stränden mit bunt gestreiften Sonnenschirmen und Beachvolleyballern.

Die Berge ragen direkt hinter Nizza felsig-begrünt, im Winter schneebedeckt in den Himmel; vor der Küste leuchtet in hellem Türkis das Meer. Nizza liegt in einer Region, die von der Natur großzügig bedacht ist. Unschlagbar ist das Klima im südöstlichsten Zipfel Frankreichs: Rundherum durch Hügel und Berge vor den Winden wie dem Mistral geschützt, wird Nizza mit milden Wintern und einer Durchschnittstemperatur von 10 Grad verwöhnt. Im Sommer dagegen bleibt es von glutheißen Monaten verschont und kann dank der frischen Meeresbrise durchatmen. Dabei ist die Blütenpracht umwerfend: Mimosen, Orangen und Zitronen im Winter; Oleander, üppige, pinkfarbene Bougainvilleen und Lavendel im Sommer – in Nizza blüht es immer! Perfekte Voraussetzungen, um

> Unschlagbar das Klima, umwerfend die Blütenpracht

von Januar bis Dezember zu wandern, Sport zu treiben und auf Entdeckungstour zu gehen. Das Angebot ist voller Abwechslung, unerwartet und authentisch. Tauchen Sie in die Grotten vor der Küste, folgen Sie den Spuren der letzten Wölfe der Alpen

Mondän mit einem Rest von provenzalischer Atmosphäre: alter Hafen in Cannes

im Parc du Mercantour, blicken Sie am Klettersteig Via Ferrata oberhalb des Dorfes Peille von Hängebrücken aus in die Tiefe, oder besuchen Sie eines der ungezählten Dörfer der Umgebung, in denen die Zeit zum Teil stillzustehen scheint – möglich ist (fast) alles. Das Freizeitangebot in und um Nizza ist riesig.

Südländischer Müßiggang? Keine Spur! Als Universitäts- und Kongressstadt zieht Nizza Besucher aus der ganzen Welt an. Mit seinem angesehenen Kongresszentrum Acropolis ist Nizza nach Paris die bedeutendste Kongressstadt Frankreichs. Und wenn abends die Studenten – 26 000 gibt es von ihnen – die Altstadtgassen und Bars beleben, sind Sie mittendrin im fröhlichen Treiben. Auch wirtschaftlich ist die Region von Bedeutung: Sie lebt in erster Linie vom Tourismus, aber das ist nicht alles. Mit ihrem Technologiepark Sophia Antipolis, 20 km von Nizza entfernt, ist die Informationstechnologie Hauptwirtschaftszweig des Départements. Mit 1300 Unternehmen und 30 000 Arbeitsplätzen gilt Sophia Antipolis als das Silicon Valley Frankreichs. Deshalb ist es auch nicht verwunderlich, dass Nizza über den zweitgrößten Flughafen Frankreichs verfügt. Er liegt nur zehn Minuten vom Stadtzentrum entfernt und bietet fast 80 internationale Verbindungen

> **Tourismus und Technologie – die zwei Standbeine der Stadt**

in 30 Länder. So sind Sie nach Ihrer Ankunft ohne lange Bus- oder Taxifahrten schnell in der Stadt, und das Erlebnis Nizza kann beginnen!

Zurück zu den Anfängen: Die Geschichte der Stadt beginnt vor 400 000 Jahren. Aus dieser Zeit stammen die Überreste der Grotten von Terra Amata. Im 4. Jh. v. Chr. kamen die Griechen und legten am Fuß der Colline du Château ihren Handelsstützpunkt Nikaïa an. Drei Jahrhunderte später gründeten die Römer in den Hügeln ihre Siedlung Cemenelum, dort, wo heute das Stadtviertel Cimiez liegt. Die Römersiedlung wurde neun Jahrhunderte später zugunsten von Nikaïa aufgegeben. Es folgten wechselhafte Zeiten: Erst den Ostgoten, dann dem Frankenreich unterstellt, litt die Stadt unter den Sarazeneneinfällen. Im 10. Jh. übernahmen die Grafen der Provence die Führung der Stadt. Ab dem 14. Jh. war Nizza im Besitz von Savoyen und blieb es, mit wenigen Unterbrechungen, nahezu fünf Jahrhunderte

lang. Einschneidendstes Datum in Nizzas Geschichte ist das Jahr 1860. Per Volksabstimmung wurde die Angliederung Nizzas an Frankreich beschlossen. Die Stadt erlebte daraufhin einen wirtschaftlichen Aufschwung. Die Infrastruktur wurde ausgebaut. Der Straßen- und Wohnungsbau florierte, die Stadt bekam Anschluss an das Eisenbahnnetz, der Tourismus nahm seinen Anfang.

> Die Promenade des Anglais – Nizzas Wahrzeichen

Die ersten, die kamen und sich in die Côte d'Azur verliebten, waren Engländer und Russen auf der Flucht vor den kalten Wintermonaten. Mit ihnen kamen Geld und Adel in die Stadt: Paläste, Kirchen, Promenaden – die Gäste aus dem Norden verwandelten das kleine Hafenstädtchen in eine mondäne Stadt, berühmt über die Grenzen Frankreichs hinaus. Russische Adelsfamilien und wohlhabende Geschäftsleute verewigten sich durch den Bau herrschaftlicher Residenzen. Seite an Seite stehen sie heute mit barocken Bauwerken und Palästen im Belle-Époque- und Art-déco-Stil. Bedenkt man, dass Nizza im Jahr 1860 kaum mehr als 40 000 Ew. zählte, ist es umso erstaunlicher, welcher architektonische Reichtum im 19. Jh. hier entstanden ist. Vor dieser Kulisse ist ein Spaziergang durch Nizza ein Flanieren vorbei an Villen und Palästen, vor denen sich die Palmen in den Himmel strecken und in deren Fenstern sich das Blau des Meeres spiegelt. Apropos flanieren: Die Promenade des Anglais ist, wie der Name schon verrät, den Engländern zu verdanken. Es war die Idee des Engländers Lewis Way, den schmalen Kieselweg in einen befestigten Gehweg umzubauen. Und so war die Promenade seit Mitte des 19. Jhs. ein Ort des Sehens und Gesehenwerdens: Lords und Ladys,

> KUNST MADE IN NIZZA
Das große Erbe großer Künstler

In Nizza ist schon so manches Kunstwerk entstanden. Es begann mit der Kirchenmalerei der Brüder Bréa, die im 15. Jh. die *Schule von Nizza* gründeten. Ende des 19. Jhs. schwangen im Süden Frankreichs die Impressionisten Paul Cézanne, Berthe Morisot, Claude Monet und Jean Renoir ihre Pinsel. Den Höhepunkt künstlerischen Schaffens erreichte Nizza im 20. Jh. Henri Matisse und Raoul Dufy ließen sich in Nizza nieder und prägten mit ihren extremen Farbkontrasten den *Fauvismus*. Nach dem Zweiten Weltkrieg kamen Marc Chagall und Pablo Picasso. Es folgte der *Neue Realismus*. In den 60er-Jahren avancierte Nizza zum europäischen Mekka der avantgardistischen Kunst. Rund um Yves Klein entstand eine Szene der *Happening- und Objektkunst*. Die Kunstszene ist bis heute lebendig, denn Nizza sieht sich als Kunstmetropole und ruht sich nicht auf vergangenem Ruhm aus. Beispiel dafür sind die vielen Galerien und immer wieder neue Ateliers, die entstehen.

Künstler, Kurtisanen und gekrönte Häupter wie Zar Alexander II. und Napoleon III., Königin Victoria und das kaiserliche Paar Franz-Josef und Elisabeth spazierten die weltberühmte Uferpromenade entlang. Ein Who's who bis heute, denn ab 1920 kamen dann Kino- und Chansonstars

erste internationale Jazzfestival fand 1948 statt. Mit dabei waren Louis Armstrong, Django Reinhardt und Stéphane Grappelli. Ein gutes Omen, denn bis heute prägt der Jazz die Musikszene der gesamten Region. Neue Gruppen entstehen, es wird experimentiert, überall wird gejazzt.

Frankreichs Farben spiegeln sich im blauen Himmel, im weißen Negresco, im roten Ferrari

hinzu. Die „Prom": das bleibende Wahrzeichen Nizzas.

Nicht nur beim Blick aufs Meer von einem der blauen Stühle auf der Promenade aus kommen mediterrane Gefühle auf. In einem der Kellertheater französischen Chansons zu lauschen, hat mindestens den gleichen Effekt. Oder aber Sie besuchen eine der vielen Jazzkneipen: denn auch der Jazz hat in Nizza Tradition. Das

Besonders stolz ist Nizza auch auf seine 19 Museen und Galerien, auf seine 32 historischen Denkmäler und 300 ha Parks, Gärten und Grünflächen. In den Kunstmuseen erwarten Sie Werke aus dem 20. Jh. Henri Matisse' und Marc Chagalls Fantasien in Blau, Gelb, Grün; Bens unverkennbare Schreibschrift; die Farben der naiven Künstler. Bunt wie ein Regenbogen eben – entdecken Sie die Farben Nizzas!

▶▶ TREND GUIDE NIZZA

Die heißesten Entdeckungen und Hotspots! Unser Szene-Scout
zeigt Ihnen, was angesagt ist

Diana Poßner

Die Journalistin ist nicht nur Frankreich-Fan,
sondern quasi in Nizza zu Hause. Immer auf der
Suche nach den neuesten Trends, tourt sie
durch die angesagtesten Clubs oder erlebt die
Kunstszene im Gespräch mit den Kreativen. Unser Szene-Scout entspannt am liebsten in den
Restaurants der Stadt bei einem Glas Rotwein
und dem hervorragenden internationalen
Essen.

▶▶ DESIGN HOCH ZWEI

Trendsetting statt Trendspotting

Statt internationalen Trends hinterherzulaufen,
werden in Nizza welche geschaffen. Die De-
signelite punktet mit extravaganten Entwürfen.
Vorreiter in Sachen Mode ist *Bleu Blanc Rouge*
(*www.bleublancrouge.com,* Foto). Das Label hat
den weltweiten Durchbruch geschafft und besitzt
Shops von Moskau bis Dubai. In Nizza findet man
die ausgefallenen Kollektionen in der Rue Longchamp 4. Die Designer spielen mit Farben, Schnit-
ten und Accessoires. Möbel von *Etnosud* beste-
chen nicht nur durch Design, sondern auch durch
Materialien. Wasserhyazinthen und Bananen-
baumwurzeln sind nur zwei der außergewöhnlichen Naturprodukte, die in den Möbeln verarbeitet werden *(15 rue François Guisol).* Wünsche
nach ausgefallenem Luxus macht die Schmuck-
designerin Muriele Cauvre wahr: Die Nachfahrin
einer alten Nizzaer Juwelierfamilie verschönert
ihre Einzelstücke am liebsten mit schwarzen Diamanten *(12 rue d'Anvers).*

SZENE

▶▶ NEUES IN DEN KOCHTÖPFEN

Essen wie Gott in Nizza

Die Nizzaer Küche besteht aus mehr als nur *socca, porquetta* und *salade niçoise*. Die angesagten Restaurants holen sich die Welt in den Kochtopf. In Anlehnung an die kleine Meerjungfrau des dänischen Autors Hans Christian Andersen liegt im *La Petite Sirène (8 rue Maccarani, www.sirene-fr.com)* der Fokus auf skandinavischen Rezepten von Lachs bis Hering. Das *Le Transsibérien* befindet sich in einem ehemaligen Eisenbahnwaggon. Die russischen Gerichte von Blinis bis zu geräuchertem Fisch werden mit einem Schuss Wodka verfeinert *(1 rue Bottéro)*. Das *L'Indyana* setzt beim Menü auf asiatisch-italienischen Crossover, während das Interieur in puristischem Zen-Ambiente gehalten ist – Asia-Style mit Anspruch *(11 rue Chauvain, www.lindyana.com)*.

▶▶ GENERATION KUNST

Ausgefallene Konzepte

Die Künstlerszene mischt die Stadt mit innovativen Ideen auf. Wie zum Beispiel das Enfant terrible Ben Vautier, dessen künstlerische Weisheiten auf bunten Schildern entlang der Haltestellen der einzigen Tramlinie Nizzas zu sehen sind *(www.ben-vautier.com, Foto)*. Nicht weniger beeindruckend sind Jaume Plensas überlebensgroße Installationen „Conversation à Nice" an der Haltestelle *Place Masséna*. Kunst für alle lautet auch das Motto der Kunstmesse *Artendance (Tel. 04 93 62 34 21)*. Das Konzept der Open Studios macht es Interessierten möglich, Künstlern wie der Bildhauerin und Malerin Klodin Delor bei ihrer kreativen Arbeit im Atelier über die Schulter zu schauen *(13 rue du Docteur Zamenhof, Rueil Malmaison, www.klodindelor.com)*.

▶▶ MONSIEUR BEAUTÉ

Wellness für den Herrn

Nizzas männliche Bevölkerung ist auf den Geschmack gekommen: Wellness für den Herrn ist immer mehr im Kommen. Gepflegte Männerhaut ganz ohne Stoppeln und wilden Bartwuchs, dafür streichelweich und glatt wird im *Clinic-Epil* garantiert (*47 av. Jean Médecin, www. clinic-epil.fr*). Im *Institut Spa des Skin & Shave* stehen ne-

ben Express-Treatments und besonderen Gesichtspflegeanwendungen auch Massagen und Kompaktangebote auf dem Plan, z. B. Massage, Nagelpflege und Rasur in einem Aufwasch (*15 av. Notre Dame, www.skinandshave.fr, Foto*). Im *Hip Spa* sind Männer ebenso willkommen wie Frauen (*2 rue Longchamp, www.hip.fr*).

▶▶ ACTION IN DER NATUR

Adrenalin pur!

In Sachen Wassersport gehen Actionfans in Nizza neue Wege. Ihr Motto: je abenteuerlicher, desto besser. Mit dem Einmann-Mini-Raft und in ultrawendigen Airboats werden Wildwasser bezwungen und Felsen umschifft. Die Guides von *Odyssée Verticale* steuern gekonnt um enge Flusswindungen und scharfe Felsen. Wer von den steinigen Ungetümen nicht genug bekommen kann, darf danach noch zum Klettern antreten (*146 B rue de France, www.odysseeverticale.com*). Der Profi Vincent Livreau vom Sportverband *Caf de Nice* kennt die besten Raftingspots der Umgebung (*14 av. de Mirabeau, www.cafnice.org*). Besonders Mutige lassen sich von Guide Thierry Chiabaut durch die Schluchten entlang des Le Paillon im Norden von Nizza führen (*Fédération Sportive ASPTT Nice, 51 rue Gounod, www.asptt.com*).

▶▶ NÄCHTLICHE ZEITREISE

Motto-Nightlife

Discos, Bars und Pubs machen sich die Vergangenheit zum Motto. Nightlife-Locations entführen ins Zeitalter des Barocks oder in die wilden 70er-Jahre. Themenabende mit barocken Klängen finden in der *Bar Baroque* des Ensemble Baroque de Nice statt *(25 rue de la Croix, www.ensemblebaroquedenice.org)*. Das *Le Comptoir* ist im Art-déco-Stil gehalten. An den Wänden hängen die Werke von Tamara de Lempicka *(20 rue Saint-François de Paule)*. Die Bar *Le Havane* entführt in das Kuba vergangener Zeiten *(32 rue de France)*.

▶▶ ALL-IN-ONE-STORES

Shopping-Event der Extraklasse

In der Stadt der Reichen und Schönen reicht shoppen allein nicht mehr. Konzept-Stores sind der neueste Schrei am Boutiquenhimmel. Was überrascht: Neben Möbeln und Kleidung locken Tearooms die Käufer an. Im *Espace Harroch* wird der Fünf-Uhr-Tee zwischen Designeroutfits und Wohnaccessoires zelebriert *(7 rue Paradis)*. Den Tee nimmt man im *Fleur de Café* zwischen Möbeln zu sich, die man kaufen kann *(7 rue Maréchal Joffre*, Foto*)*. Und im *Nocy-bé* gibt's neben Kunsthandwerk rund 40 Bioteesorten – und das bis 0.30 Uhr *(4 et 6 rue Jules Gilly, www.nocybe.fr)*.

▶▶ WAS FÜR EIN THEATER!

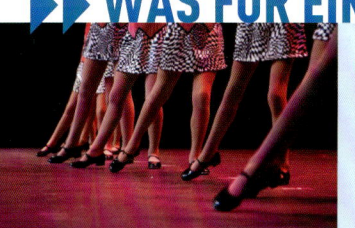

Bühnen für Anfänger

Theater und Kleinkunstbühnen sind angesagter denn je und müssen sich seit Kurzem auch um den Nachwuchs keine Sorgen mehr machen. Das *Le Bouff'Scène* bietet mehr als Kleinkunst: Hier kann man auch die Schulbank einer Showschule drücken *(2 rue Caissotti, www.bouffscene.info)*. Und das Theater *Chou* ist heute nicht nur für seine *lundis scolaires* berühmt, sondern auch als Begegnungsstätte für Autoren, Schauspieler und Puppenspieler *(217 bd. du Mont Boron, www.niceasso.net/theatrechou)*.

„ART DANS LA VILLE"

Sieben sitzende Statuen thronen auf
hohen Stelen über der Place Masséna. Abends leuchten sie, wechseln
sanft die Farbe – von türkis über pink
bis gelb. Sie stehen für die sieben
Kontinente; die wechselnden Farben
drücken den Dialog zwischen den
Kulturen aus. Das Kunstwerk „Conversation à Nice" des Spaniers Jaume
Plensa ist nur eins von 14 Werken internationaler Künstler, die anlässlich
der Straßenbahneinweihung im November 2007 in Nizza installiert wurden. 20 m große Riesenpalmen von
Jacques Vieille an der Station Pont
Michel, die in Blau gehüllte Brücke
am Gare Thiers von Gunda Förster,
an der Station Las Planas die Glaszy-
linder mit der Botschaft „Ich lebe
vom Wasser – es fließt" von Emma-

Bild: Nizzas Straßenbahn

STICH WORTE

nuel Saulnier. Entstanden ist ein riesiges Freilichtmuseum entlang der Straßenbahnlinie T1. Bei dem Projekt handelt es sich um den größten Kunstauftrag, den eine französische Stadt je erteilt hat. *Infos im Office de Tourisme*

BELLET

Einer der kleinsten und ältesten Weinberge Frankreichs befindet sich nahezu im Herzen Nizzas, 15 Minuten von der Baie des Anges entfernt. Die Qualitätsweine „Appellation d'Origine Contrôlée" von Bellet, eine der ältesten kontrollierten Herkunftsbezeichnungen Frankreichs (1941), sind am linken Ufer des Var angesiedelt. Etwa 40 ha Land teilen sich die 15 Weingüter rund um das Schloss von Bellet. Von der Sonne gesättigt, bringen die Trauben fruchtbetonte Weine hervor. Aufgrund der geringen Produktionsmenge von nur 1200–1500 hl pro Jahr kommt der Wein nur in Nizza und Umgebung in Restaurants und Handel. Degustationen sind in verschiedenen Weingütern möglich.

BERGDÖRFER

Wie Perlen thronen sie auf den Hügeln im Hinterland: Peille, Peillon, Utelle, L'Escarène, Falicon, Colomars oder Tourette-Levens – etwa zwanzig dieser idyllischen Dörfer sind rings um Nizza zu bewundern. Die sogenannten *villages perchés* wurden zum Schutz gegen Räuber und Gesindel angelegt. Und heute? Sind sie ein ideales Ausflugsziel. Bummeln Sie durch die schmalen Gassen und über die Märkte, um die lokalen Spezialitäten – Olivenöl, Honig, Schafskäse – zu kosten. Entdecken Sie die Werkstätten und Ateliers der Handwerker und Künstler oder die Schätze, die in einigen Kirchen bewahrt sind. Und dazu gibt es die wunderbaren Ausblicke auf die Landschaft rings um die Dörfer. Am spektakulärsten ist der Blick vom Klettersteig ☀ Via Ferrata in Peille. *Info: Bar L'Absinthe (6 rue Félix Faure | Peille | www.peille.free.fr).*

FRISCHE BRISE

Erstaunt bemerken Besucher in Nizzas Altstadt, dass die Luft immer kühl ist. Und das selbst bei größter Hitze. Die Konstruktion der Straßen und Gebäude in und um die Altstadt wirkt wie eine natürliche Klimaanlage. Wie durch einen Kamin wird die warme Luft über der Stadt abgesaugt und frische, kühle Luft über drei Landschaftsbereiche angesaugt: das Meer, den Fluss Paillon und die waldbewachsene Colline du Château. Eine Luftselbstregulierung – alt und doch hochmodern, ökologisch und ökonomisch!

KARNEVAL

Es regnet Mimosen, Margeriten und Nelken, wenn auf der Promenade des Anglais die weltberühmte „Blumenschlacht" *(Bataille de Fleurs)* stattfindet. An die 100 000 Blumen werden von den bunten Wagen ins Publikum geworfen, ein farbenfrohes, duftendes Spektakel! Erste Erwähnungen des Karnevals stammen aus dem Jahr 1294. Das Fest in seiner heutigen Form geht auf das Jahr 1873 zurück, als der erste Karneval mit Paraden, Reiterzügen und Maskenbällen gefeiert wurde. Kunstwerke sind die riesigen Figuren, die heute die Wagen der Karnevalsumzüge schmücken.

NISSART

„Bouonjou" – das heißt „Bonjour" und ist Nissart. Die Sprache, die in Nizza und Umgebung bis heute von Einheimischen gesprochen wird und die im Stadtbild unübersehbar ist: Restaurants, Straßennamen und am Ortseingang das Schild „Nissa". Nissart ist eine romanische Sprache, die der okzitanischen Sprachgruppe angehört. Okzitanisch wird im südlichen Drittel Frankreichs gesprochen. Einer unter mehreren Dialekten des Okzitanischen ist Nissart. Und natürlich sind die Einwohner sehr stolz auf ihre Sprache! Theater- und Musikgruppen tragen dazu bei, sie am Leben zu erhalten. Amtssprache ist allerdings Französisch.

CATHERINE SÉGURANE

Von einer einfachen Wäscherin zur Volksheldin: Catherine Ségurane, die Retterin von Nizza. 1543 belagerten die mit dem französischen König Franz I. verbündeten Türken die Stadt. Laut der Legende führte Catherine die Bürger in die Schlacht gegen die Angreifer. Sie entblößte ihr Hinterteil, was die türkischen Feinde so sehr beleidigte, dass sie die Flucht ergriffen. Séguranes Existenz wurde nie bewiesen. Dennoch wurde sie zur Symbolfigur Nizzas. 1923 setzte die Stadt ihr zu Ehren an der Place Saint-Augustin ein Denkmal.

STRASSENBAHN

Eine Straßenbahn für Nizza. Bis 2013 will die Stadt ein Straßenbahnnetz von 35 km Länge geschaffen haben; 8,7 km sind bereits fertig. Die Linie T1 fährt seit 2007. Das Projekt kostet 560 Mio. Euro, doch die Einwohner sind zufrieden: ein richtiger Schritt in die Zukunft, so das allgemeine Echo. Ein modernes öffentliches Verkchrsnctz und eine sinnvolle Maßnahme, die Innenstadt für Fußgänger zu öffnen und für Autos zu schließen. Dazu kommt, dass Straßen und Plätze im Zuge der Baumaßnahmen herausgeputzt, Bänke aufgestellt und Bäume gepflanzt werden. *www.tramway-nice.org*

Comic beim Karneval: Der Spinat essende Seemann Popeye ist auch in Nizza populär

TRADITION, GLANZ & GLAMOUR

Der Festivalkalender an der Côte d'Azur ist prall gefüllt

> Die Festivals an der Côte d'Azur haben Weltklasse! Neben traditionellen Festen sind es Festivals mit internationalem Renommee, die nach Nizza und Umgebung locken. Nizza fiebert jedes Jahr seinem bunt-berühmten Karneval entgegen, beim Zirkusfestival von Monaco tanzen die Clowns, und im Sommer jagt ein Feuerwerk das andere.

FEIERTAGE

1. Jan.; Ostermontag; 1. Mai *(Tag der Arbeit);* **8. Mai** *(Waffenstillstand 1945);* **Christi Himmelfahrt; Pfingstmontag; 14. Juli** *(Nationalfeiertag);* **15. Aug.** *(Mariä Himmelfahrt);* **1. Nov.** *(Allerheiligen);* **11. Nov.** *(Waffenstillstand 1918);* **25. Dez.**

VERANSTALTUNGEN

Januar

⭐ *Festival International du Cirque de Monte-Carlo:* Fürstentum im Zirkusrausch! Artisten, Clowns und Dompteure – und nur die Besten. Zirkusfans dürfen das renommierteste Zirkusfestival der Welt auf keinen Fall verpassen! *www. montecarlofestival.mc*

Februar

Carnaval de Nice: Umzüge und Blumenkorsos – Abertausende von Blüten verwandeln die Promenade in ein Blumenmeer. Achtung: Die Karnevalfeierlichkeiten finden oft nach dem Aschermittwoch statt! *www.nicecarnaval.com*

März

Festin des Cougourdons: Kürbisse in den bizzarsten Formen schmücken die Gärten von Cimiez, wenn die Nizzaer Ende März den Frühling willkommen heißen.

April

Semi-Marathon International de Nice: ein Riesenfest rund ums Laufen – mit über 8000 Teilnehmern. *www.nicesemi marathon.com*

Mai

La Fête des Mais: An allen Sonn- und Feiertagen Folkloreaufführungen, Tanz

Aktuelle Events weltweit auf www.marcopolo.de/events

> **EVENTS**
FESTE & MEHR

und Picknick in den Arenen und Gärten von Cimiez

Festival de Cannes: Die Welt des Films in Cannes. Für Nicht-Promi-Festivalbesucher das Filmprogramm der *Quinzaine des Réalisateurs* (Infos u. Tickets im Malmaison | Cannes | *www.quinzaine-realisateurs.com*). *www.festival-cannes.fr*

Grand-Prix de Monaco: Der Asphalt bebt beim spektakulären Formel-1-Rennen. *www.grand-prix.monaco.com*

Juni
Fête de la Saint-Pierre: Die Fischer Nizzas ehren das Meer. Traditionelles Fest am Monatsende im Nizzaer Hafen

Juli/August
Jazz à Juan: Jazz, Meer und Pinien in Antibes – eine fantastische Kombination! *www.antibesjuanlespins.com*
Nice Jazz Festival: laue Sommerabende unter Olivenbäumen; dazu Musik vom Feinsten in den Arenen und Gärten von Cimiez. *www.nicejazzfest.com*

Festival d'Art Pyrotechnique de Cannes: **Insider Tipp** einzigartiges Feuerwerksspektakel in der Bucht von Cannes; sechs Länder treten an – sechs Abende Feuerwerksvergnügen. Und dazu ein Picknick am Strand! *www.festival-pyrotechnique-cannes.com*

September
Monaco Yacht Show: einmal reinschnuppern in die Welt des Luxus? Die größten und teuersten Yachten Europas laufen in den Hafen von Monaco ein. *www.monacoyachtshow.com*

November
Marathon des Alpes-Maritimes: **Insider Tipp** Seit 2008 findet entlang der Küste von Nizza nach Cannes der Marathon mit ca. 10000 Teilnehmern statt. *www.marathon06.com*

Dezember
Village de Noël: Auf Nizzas Promenade du Paillon findet jährlich bis in den Januar hinein der Weihnachtsmarkt statt.

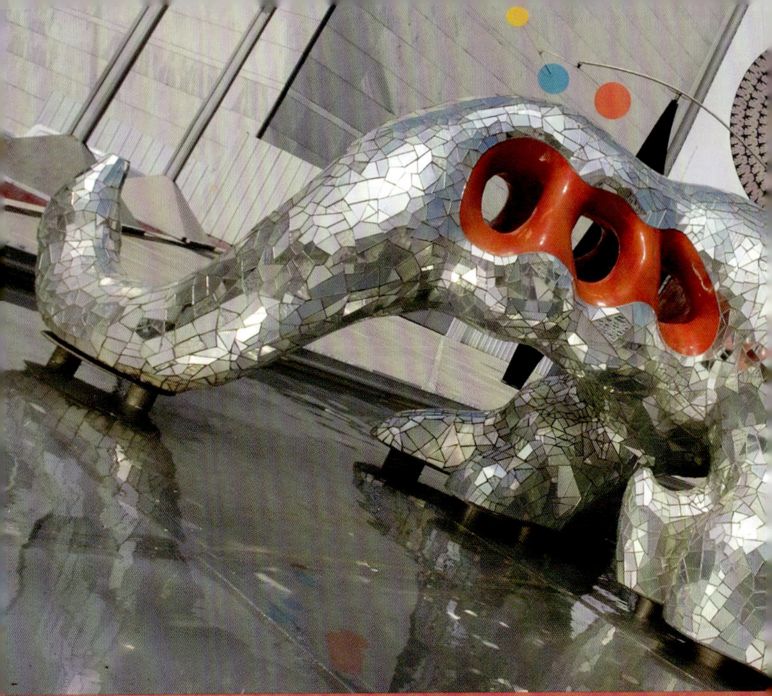

> METROPOLE AM MITTELMEER

Seealpen und Meer bilden den Rahmen, Jetset und
Ursprünglichkeit prägen das urbane Leben

> Wie die Tribüne eines antiken Theaters
schließen sich die Hügel von Nizza um die
Flussebenen des Paillon und des Var.
Nizza ist eine große Freilichtbühne: Zwischen Palmen, Luxuslimousinen und Hotelpalästen spielt sich auf den Märkten, in
den verschlungenen Gassen und Bars das
„normale" Leben ab.

Im Süden glitzert das Meer, im Norden wächst der Wein. Ob Nizza im
Sommer, wenn die Strände voll und
die Nächte lang sind, oder im Winter,
wenn die Stadt zur Ruhe kommt, die
Temperaturen mild sind und Orangen
und Zitronen die Stadt orange und
gelb tupfen – jede Jahreszeit hat ihren Reiz!

Vorbei an den imposanten Baudenkmälern, die sich die Engländer,
Russen und Italiener über die ganze
Stadt verteilt gesetzt haben, ist ein
Spaziergang durch Nizza wie ein
Schlendern durch die wechselhafte
Vergangenheit der Stadt: in der Alt-

Bild: Skulptur von Niki de Saint Phalle vor dem MAMAC

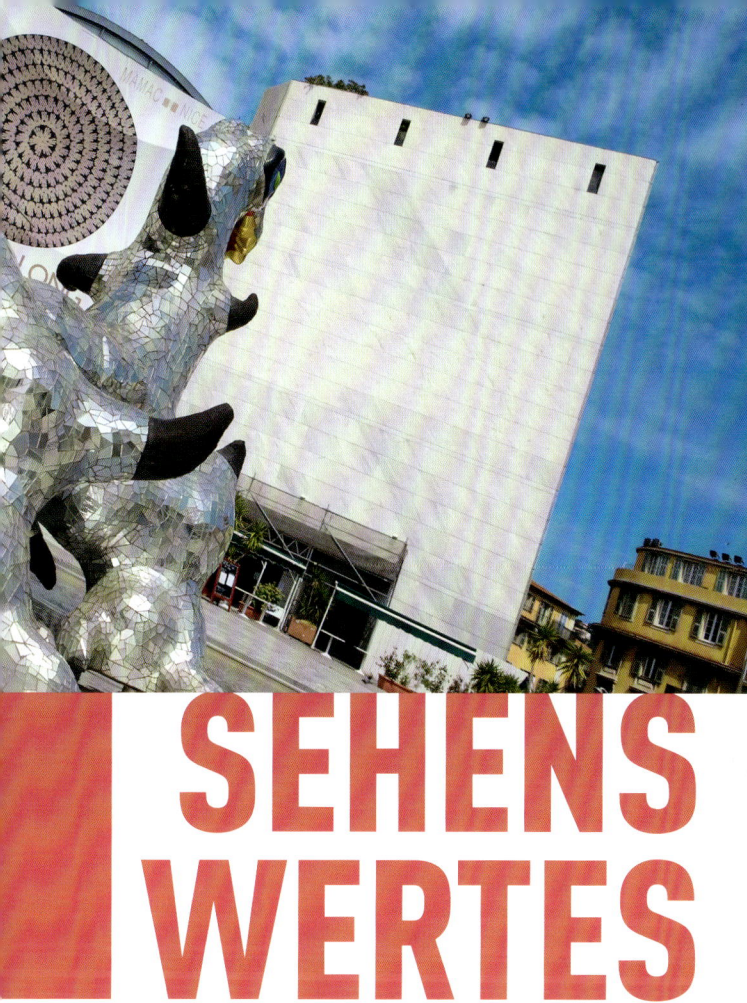

SEHENS WERTES

stadt italienischer Barock, in Cimiez und um den Mont Boron prunkvolle Belle-Époque-Villen, Art déco an der Promenade des Anglais. Den Spaziergang sollten Sie am besten zu Fuß unternehmen – im Zentrum sind die Wege kurz, Autos gibt es viele, Parkplätze wenige. Aktuelle und zukünftige Bauprojekte sind jedoch ganz auf ein fußgängerfreundliches Nizza gerichtet. Maßnahmen wie der Ausbau des öffentlichen Nahverkehrs, das Einrichten verkehrsberuhigter Zonen und neue Fahrradwege haben die Stadt in den vergangenen Jahren immer freundlicher gemacht.

Im Zentrum, auf den vielen Plätzen und Grünanlagen, pulsiert das Leben. Zwischen dem internationalen Treiben aus Geschäftsleuten, Studenten und Besuchern sind es nach wie vor die Einheimischen, die echten Niçois, die den Charakter der Stadt ausmachen. Sie sind mit ihrer

ST-MAURICE · Arène · Faculté des Sciences · Turin · D19 · D2204 · Chapelle St-Charles · D2564 · Grande Corniche

CIMIEZ
Seite 36

Gare St-Roch · D2564 · ST-ROCH

Boulevard Gobelin · LE RIGHI · ST-ETIENNE · Bd. J. Garnier · Musée Marc Chagall · Gare · Rue Trachel · Av. Maluassène · Av. des Diables Bleus · Bd. St-Roch · Bd. Bischoffsheim

CARABACEL

NEUSTADT UM DIE PLACE MASSÉNA
Seite 29

UM HAFEN & MONT BORON
Seite 32

Voie Rapide Sud · Avenue Giambetta · Av. d. Fleurs · Av. de Verdun · Boulevard Jean Jaurès · Rue St. Baptiste · Rue Cassini · Av. Félix Faure · LE CHÂTEAU · Terrasse Nietzsche · Bd. Stalingrad · Parc Vigier · Bd. Carnot · D6007 · D6098 · Casino · Anglais · Quai des Etats Unis

ALTSTADT
Seite 24

Fort du Mont-Boron · MONT BORON · Bd. Maurice Maeterlinck · Boulevard Princesse Grace de Monaco

500 m · Baie des Anges · Bassin de Commerce · Club Nautique · D6098

Die Karte zeigt die Einteilung der interessantesten Stadtviertel. Bei jedem Viertel finden Sie eine Detailkarte, in der alle beschriebenen Sehenswürdigkeiten mit einer Nummer verzeichnet sind

Heimat verwurzelt, haben hier ihr ganzes Leben verbracht. Sie pflegen ihre Sprache und Traditionen, werden Sie kulinarisch verwöhnen und Ihnen vormachen, wie köstlich ein Kichererbsenfladen *(socca)* und ein Glas kühler Rosé schmecken können. Oder die Pétanque-Spieler, die diese mediterrane Gelassenheit ausstrahlen, wenn sie unter Pinien wortlos ihre Kugeln werfen. Kein Dorf, kein Städtchen und natürlich kein Nizza ohne die berühmten Sandbahnen, auf denen sich ältere, vereinzelt auch jüngere Herren der provenzalischen Variante des Boule hingeben.

Während am Flughafen die Weltprominenz aus Show und Business startet und landet, haben die einzelnen Stadtviertel von Nizza, selbst die Altstadt, ihre Ursprünglichkeit bewahrt. Und es ist gerade dieses bodenständige, unprätentiöse Nizza, das die Stadt mitten im Glanz und Glamour der französischen Riviera ausmacht. Nizza wird seiner Rolle als Côte-d'Azur-Metropole gerecht und versteht es dabei geschickt, zwischen Weltoffenheit und Tradition zu jonglieren.

ALTSTADT

> In der Altstadt pulsiert das Leben der Stadt. Nur wenige Schritte von der Promenade und vom Meer entfernt liegt das Herz

des Viertels: der Cours Saleya mit seinem Blumenmarkt. Von dort spinnt sich ein Labyrinth aus engen Gassen und kleinen Plätzen. Ein Spiel von Schatten und Sonne. Oben barocke Fassaden, unten jede Menge Cafés, Restaurants und kleine, feine Läden und Galerien aller Art. Ein lebendiges, authentisches Viertel – Wäsche hängt aus den Fenstern der farbenfrohen Häuser, hierher kommen die Nizzaer zu ihrem Marktbesuch, zum Einkaufen in den eingesessenen Altstadtläden, wie zum Beispiel in der *Bäckerei* von *Jean-Serge Espuno (35 rue Droite),* aus der der verlockende Duft nach warmem Baguette durch die Straße weht. Bummeln, besichtigen, Nizzaer Spezialitäten kosten – das ist ein Tag in der Altstadt. Alle Sehenswürdigkeiten der Altstadt sind zu Fuß zu besichtigen. Nächstgelegene

Haltestellen sind mit der Straßenbahn „Opéra" und „Cathédrale", mit dem Bus „J. C. Bermond" und „Gare Routière".

1 CATHÉDRALE SAINTE-RÉPARATE [130 C5]

Mitten in der Altstadt liegt die barocke Kathedrale, die der Schutzpatronin Nizzas, der Heiligen Réparate, geweiht ist. Gerade noch auf der quirligen *Place Rossetti,* findet man sich im Barock des 17. Jhs. wieder: Der Innenraum ist üppig mit Stuck und Fresken verziert; Altar, Kanzel und Balustraden aus Marmor gearbeitet, gedrehte Säulen – Barock in Vollendung. Die Kathedrale wurde unter wechselnden Architekten in drei Phasen errichtet; nach 50 Jahren Bauzeit feierten die Nizzaer 1699 ihre Einweihung.

MARCO POLO HIGHLIGHTS

⭐ **Chapelle de la Miséricorde**
Glanz am Cours Saleya: Meisterwerk der barocken Architektur (Seite 26)

⭐ **Cours Saleya**
Das Herz der Altstadt: buntes Markttreiben, Cafés und Restaurants (Seite 26)

⭐ **Musée Matisse**
Auf den Hügeln von Cimiez ruhen die Schätze von Henri Matisse (Seite 40)

⭐ **Opéra de Nice**
Der Opernsaal: festlich, prunkvoll, mondän (Seite 26)

⭐ **Place Masséna**
Lebendig geht es zu auf dem großen Platz mit italienischem Flair (Seite 31)

⭐ **Port Lympia**
Schiffe schaukeln im Wasser, südländische Fassaden säumen das Hafenbecken (Seite 35)

⭐ **Cathédrale Orthodoxe Russe Saint-Nicolas**
Das größte russische Gotteshaus außerhalb Russlands (Seite 40)

⭐ **Musée d'Art Moderne et d'Art Contemporain (MAMAC)**
Yves Klein, Arman, Ben und César erheben Alltags- zu Kunstobjekten (Seite 30)

⭐ **Musée National Message Biblique Marc Chagall**
Chagalls farbenfrohe biblische Botschaft im eigens erbauten Museum (Seite 40)

2 CHAPELLE DE LA MISÉRICORDE ⭐ [130 C5]

Ein Meisterwerk des Barock! Runde Formen, vergoldeter Stuck und Marmorimitat. Direkt am *Cours Saleya* liegt die Kapelle aus dem 18. Jh., die einer Gemeinschaft von Büßermönchen, den *Pénitents Noirs,* gehört.

3 COURS SALEYA ⭐ [130 C5]

Blumenhändler inmitten ihrer Blütenpracht, Bauern hinter Gemüse- und Obstkörben; Oliven und Käse in allen Variationen. Das ist das tägliche Bild auf dem Cours Saleya. Der Platz ist großzügig, hell und gesäumt von ockergelben Häusern. Der Markt hat Tradition: Seit 1861 bauen die Händler hier jeden Morgen ihre Stände auf. Auf der angrenzenden *Place Pierre-Gautier* finden Sie die regionalen Bauern mit ihren Waren. Wer das bunte Treiben liebt, wer gerne schlendert und hier und da eine leckere Kleinigkeit kauft, wer es liebt, am Rand des Geschehens in einem Café zu sitzen, der muss den Tag genau hier starten. Auch Henri Matisse gefiel der Platz: Im *Palais Caïs de Pierlas* an der Ostseite des Platzes lebte und malte er einige Jahre.

Arrangement aus Gold und Rot: Ein Horn wartet auf den Einsatz in der Opéra de Nice

4 OPÉRA DE NICE ⭐ [130 C5]

„Tosca" lauschen in roten Samtsesseln unter riesigen Kristalllüstern: Das ist ein Abend in der Oper von Nizza. Die Geschichte des Opernhauses geht auf das Jahr 1776 zurück, als die Marquise Alli-Maccarani ihr ehemaliges Wohnhaus zum Umbau in ein Theater freigab. Vom Théâtre Maccarani ist heute nichts mehr zu sehen. 1826 wurde an dieser Stelle eine Oper im italienischen Stil gebaut, die 55 Jahre später während einer Vorstellung durch einen Brand zerstört wurde. Neu gestaltet hat das Ganze im Stil der Pariser Oper François Aune, Nizzaer Architekt und Schüler Gustave Eiffels. So steht sie als „Monument historique" heute noch und ist Veranstaltungsort von Opern-, Konzert- und Ballettaufführungen. *4–6 rue Saint-François-de-Paule* | *www.opera-nice.org*

5 PALAIS LASCARIS [131 D5]

In einer schmalen Gasse liegt versteckt dieser Adelspalast aus dem

17. Jh. Außen unscheinbar, innen Barock pur: Säulen, Fresken und Skulpturen schmücken das monumentale Treppenhaus. Von Engeln begleitet, gelangen Sie in die herrschaftlichen Räume in den oberen Stockwerken. An den Decken befinden sich Fresken mit mythologischen Themen; Stuckarbeiten und Werke der alten Nizzaer Meister zieren die Adelsgemächer. Heute beherbergt der Palast das *Musée de la Musique* mit einer der wichtigsten europäischen Sammlungen alter Instrumente. Im Erdgeschoss unbedingt einen Blick in die Apotheke von 1738 mit ihrer alten Einrichtung werfen! *Mi–Mo 10–18 Uhr | 15 rue Droite | Eintritt frei | Führungen Fr 15 Uhr, 3 Euro*

6 PALAIS DE LA PRÉFECTURE [130 C5]

Ein Palast für die Gouverneure und Prinzen Savoyens, eine stattliche Wohnstätte für den hohen Besuch. Ab Anfang des 17. Jhs. residierten sie hier während ihrer Aufenthalte in Nizza. Seit 1860 ist das ehemalige Palais Royal Verwaltungssitz des Départements Alpes-Maritimes und heute leider nicht mehr zu besichtigen. *Rue de la Préfecture*

7 PLACE DU PALAIS [130 C5]

Dominikaner, Franziskaner – sie alle lebten im Zentrum der Altstadt, bis sie während der Revolution aus ihren Klöstern vertrieben wurden. An der Place du Palais stand ein Dominikanerkloster, das 1882 zerstört wurde. Heute steht an dieser Stelle der Justizpalast aus dem Jahr 1892. Die Place du Palais ist ein belebter Platz mit Cafés und täglichen Märkten.

8 PLACE ROSSETTI [130 C5]

Insider Tipp

Ein Hauch Italien. Der belebte Platz mit Cafés und Restaurants ist ein beliebter Treffpunkt mitten in der Altstadt. Hier liegt auch das *Fenocchio,* die bekannteste Eisdiele der Stadt.

9 PLACE SAINT-FRANÇOIS [131 D5]

Frische Fische rund um die *Fontaine aux Dauphins* (Delfinbrunnen): Hier findet jeden Morgen der Fischmarkt statt. Den kleinen Platz gibt es seit Anfang des 19. Jhs., als an dieser Stelle die Chapelle Saint-Esprit zerstört und der Friedhof und Garten eines Franziskanerklosters beseitigt wurden. Das heute fast vollständig zerstörte Kloster aus dem 13. Jh. befand sich an der Nordseite des Platzes. Der Uhrturm stammt aus dem 18. Jh. und befindet sich an der Stelle des ehemaligen Glockenturms. Die Klosterkirche dient heute der Stadt als Lagerraum.

10 RUE DROITE [131 D5]

Kunst über Kunst findet sich in der engen Altstadtgasse. Ursprünglich war sie als direkte Verbindung zwi-

Place Rossetti: abendliches mediterranes Leben vor der Cathédrale Sainte-Réparate

schen dem südlichen und nördlichen Stadttor die Hauptader der Stadt. Hier errichteten die Nizzaer Adelsfamilien ihre herrschaftlichen Häuser. Heute ist die Rue Droite eine schmale Fußgängerzone und Adresse vieler Kunstgalerien und Ateliers.

NEUSTADT UM DIE PLACE MASSÉNA

> Die *Promenade du Paillon* ist ein Treffpunkt zum Plaudern und Bummeln. Kinder fahren Roller, Senioren lösen Kreuzworträtsel, die Gerüchteküche blüht unter den schattigen Laubengängen, Brunnen spenden die notwendige Frische. Denn Wasser gibt es genug: Unter dem Asphalt fließt der überbaute Fluss Paillon. An

die Promenade du Paillon schließt sich zwischen Theater und Acropolis die *Promenade des Arts* an. An der „Promenade der Künste" liegt auch das *MAMAC*, wegen seiner Architektur und Ausstellungsdichte eines der sehenswertesten Museen der Stadt. Nördlich und westlich der Place Masséna befindet sich das Viertel, das heute als „Stadtzentrum" bekannt ist. Händler und Handwerker haben sich dort im 18. Jh. niedergelassen, um das historische Zentrum zu entlasten. Ein angenehmes, internationales Getümmel zwischen trendigen Boutiquen, Luxus-Modedesignern und Bars.

1 ACROPOLIS – PALAIS DES CONGRÈS ET DE LA MUSIQUE [131 D4]

Mit dem Ausstellungskomplex Acropolis hat sich Nizza seit 1984 zur zweitbedeutendsten Kongressstadt Frankreichs hochgearbeitet. Wie ein Schiff thront der 73 000 m^2 große Komplex auf dem überbauten Fluss Paillon. In dem Eventgebäude sind das gigantische *Auditorium Apollon* mit seiner beispielhaften Akustik, Veranstaltungsräume, eine Cinemathek und das große Messezentrum auf der anderen Straßenseite untergebracht. Studieren Sie mal das Veranstaltungsprogramm – es lohnt sich! *www.nice-acropolis.com* | *Acropolis o. Pont Barla*

2 JARDIN ALBERT 1ER ✺ [130 B–C5]

Palmen, Brunnen, schattige Bänke: Zwischen der Promenade des Anglais und der Place Masséna erstreckt sich der Jardin Albert 1er. Nicht zu übersehen durch die 19 m hohe und 38 m lange Skulptur *Arc 115°5* von

Bernar Venet – eine Stahlskulptur aus Venets wiederkehrendem Motiv „Arcs" (Bögen). Außerdem in dem ältesten Garten Nizzas: der Brunnen *Fontaine des Tritons,* ein Karussell und ein Musikpavillon, in dem im Sommer sonntags Musik gespielt wird. Und das Ganze mit Blick aufs Meer. *Albert 1er*

3 MUSÉE D'ART MODERNE ET D'ART CONTEMPORAIN (MAMAC) ★ [131 D4]

Vier Türme aus Carrara-Marmor, dazwischen Glasbrücken: Der Architekt Yves Bayard hat sich das perfekte Monument ausgedacht, um diese Sammlung der französischen und amerikanischen avantgardistischen Bewegung von den 60er-Jahren bis heute auszustellen. Auf dem Vorplatz: Skulpturen von Niki de Saint Phalle, Alexander Calder und Max Cartier. Höhepunkte der Ausstellung sind die Werke von Yves Klein, dem Farbtechniker für Ultramarinblau; Arman, dem König der „Akkumulation" und **Ben** (Vautier), einem Mitbegründer der Fluxus-Bewegung. Fluxus ist eine Aktionskunst, die Leben und Kunst verbindet, statt beides voneinander abzuschotten. Der französische Bildhauer César verwandelt Autos durch Kompression in Kunstwerke. Sehenswert ist auch die *Bibliothèque Louis Nucéra* gegenüber vom Museum: Die Skulptur *Tête Carrée* von Sacha Sosno hat der Bibliothek ihren Spitznamen gegeben – Quadratschädel. *Di–So 10–18 Uhr | Promenade des Arts | Eintritt frei | www.mamac-nice.org | Promenade des Arts*

4 PLACE GARIBALDI [131 D4]

Der Platz wurde Ende des 18. Jhs. vom Architekten des Hafens entworfen und erfuhr im Lauf der Jahre viele Veränderungen; die letzte 2008. Seit dieser gelungenen Restaurierung ist der Platz zu 90 Prozent Fußgängerzone und hat den im 19. Jh. verlorenen Glanz zurückerhalten. Die vier

Inside Tipp

Ein Stahlbogen, der zum Spielen verführt: Bernar Venets „Arc"-Skulptur im Jardin Albert 1er

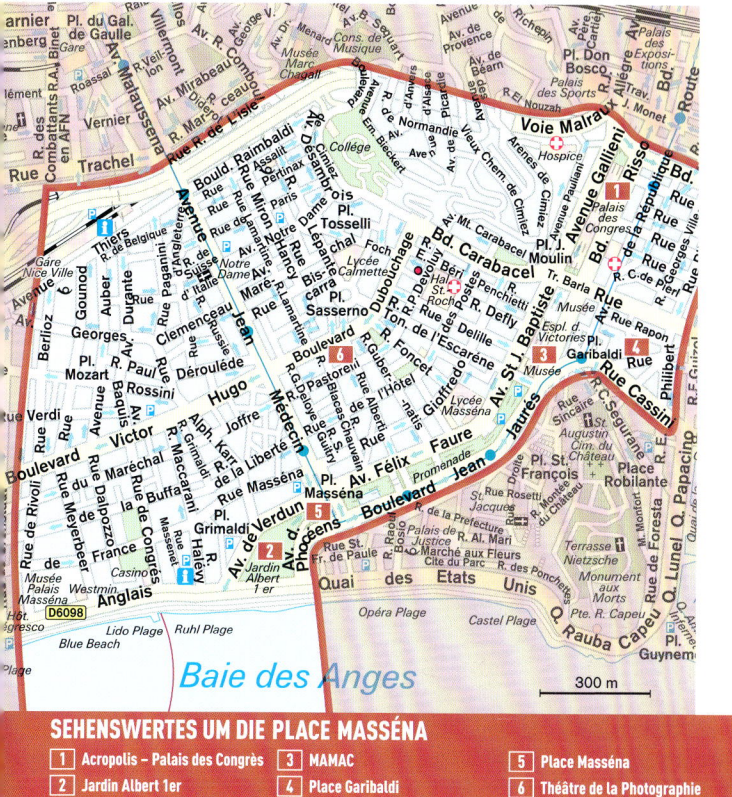

Seiten werden von Häuserreihen mit Arkaden im feinen Turiner Stil gesäumt, die Geschäfte, Cafés und ein Kino beherbergen. Die Statue des gebürtigen Nizzaers Giuseppe Garibaldi hat ihren Platz gewechselt, ist aber nach wie vor gen Italien ausgerichtet: eine Strafe, die ihm angeblich die Bewohner Nizzas wegen seiner proitalienischen Gesinnung auferlegten, als Nizza 1860 Frankreich zugesprochen wurde.

5 PLACE MASSÉNA ★ [130 C5]

Nur einen Schritt ist es aus den engen Gassen der Altstadt hinaus auf die weite Place Masséna: ein ausladender Platz im Turiner Stil, gesäumt von Arkaden und Häusern in pompejanischem Rot. Hier trennen sich die Alt- von der Neustadt, die verwinkelten Straßen von den breiten Promenaden, das historische vom modernen Nizza. Plötzlich italienisches Großstadtflair. Nördlich des

Platzes verläuft schnurgerade die Einkaufsstraße *Avenue Jean Médecin,* in westlicher Richtung nimmt hier die Fußgängerzone *Rue Masséna* ihren Anfang. *Masséna o. Jean Médecin*

6 ■ **THÉÂTRE DE LA PHOTOGRAPHIE ET DE L'IMAGE** [130 C4]

Fotoausstellungen und Konzerte: In der stilvollen Belle-Époque-Villa gibt es beides. Neben wechselnden Ausstellungen rund um Länder und Menschen ist die permanente Ausstellung der Stadt Nizza und Charles Nègre gewidmet, Fotograf der ersten Generation, der 1863–65 sein Nizza in 40 Fotografien festgehalten hat. Wundervolle alte Bilder aus einer vergangenen Zeit! Ein schöner Rahmen für die modernen und klassischen Konzerte, die hier regelmäßig stattfinden. *Di–So 10–18 Uhr | 27 bd. Dubouchage | Eintritt frei | www. tpi-nice.org | Alberti*

Sitzende Statuen auf Stelen überblicken die Place Masséna und die Fontaine du Soleil

UM HAFEN UND MONT BORON

> **Am späten Nachmittag zeigt sich der Hafen mit seiner italienisch anmutenden Architektur von seiner schönsten Seite. Die roten und ockerfarbenen Fassaden aus dem 19. Jh. schimmern in der untergehenden Sonne, in den Bars werden Aperitifs serviert, Schiffsmasten ragen in den Himmel.** Von geschäftigem Treiben ist jedoch nichts zu spüren: Der Hafen von Nizza wirkt zwischen den privaten Yachten und den Fähren, die auf ihre Abfahrt nach Korsika warten, eher verträumt als geschäftig. Die Geschichte des Hafens beginnt 1749: Als die historische Hafenbucht Saint-Lambert zu klein wird, entscheidet der Herzog von Savoyen, Karl Emmanuel III., einen neuen Hafen auf dem sumpfigen Gelände Lympia zu bauen. Den großen Aufschwung erlebt der Hafen jedoch nie; er steht immer hinter Marseille und Genua zurück. Die Ein- und Ausfuhr von Olivenöl, Salz und Weizen blüht zwar zeitweise, aber schon Ende des 19. Jhs. ist der Hafen für wirtschaftliche Zwecke veraltet. Erst die touristische Revolution des 20. Jhs. mit Yachten und Fährverkehr hauchte dem Hafen wieder Leben ein.

SEHENSWERTES UM HAFEN UND MONT BORON

1 Boulevard Mont Boron **4** Parc Forestier du Mont Boron **7** Weg am Meer
2 Château de l'Anglais **5** Place de l'Île de Beauté
3 Club Nautique de Nice **6** Port Lympia

1 BOULEVARD MONT BORON ✿ [131 E3–4]

Ein Prachtboulevard: Die Straße durchkreuzt ein Villenviertel, das mit herrschaftlichen Belle-Époque-Bauten geschmückt ist. Das *Château de la Tour* (Nr. 15) mit seinen Erkertürmen war einst Teil des Château de l'Anglais (s. S. 34). Die *Villa Beau-Site* (Nr. 17) mit ihren Säulenhallen und dem monumentalen Musikzimmer wurde 1890 von dem berühmten Architekten Sébastien-Marcel Biasini umgestaltet. Unter Hausnummer 55 ist die *Villa Les Hautes Roches* zu sehen. Sie sticht mit ihrem Anklang an Renaissanceschlösser aus den Nachbargebäuden heraus. Die *Villa des Coccinelles* („Marienkäfervilla", Nr. 57) ist ein perfektes Beispiel für den „Sahnetortenstil", der um 1900 Furore machte. Und ganz nebenbei gewährt die Fahrt über den Boulevard einen herrlichen Blick auf Nizza und das Meer.

◼2 CHÂTEAU DE L'ANGLAIS   [131 F6]

Es sieht aus wie ein Sahnetörtchen – das exotische Gebäude an der äußersten Spitze des Cap de Nice. Das Château de l'Anglais wird von den Nizzaern noch lieber „La folie de l'Anglais" (die Verrücktheit des Engländers) genannt. Heute gehört das Schlösschen fest zum Landschaftsbild. Es ist das Werk des reichen Oberst Robert Smith, der 1857 von seinem Militäreinsatz in Indien zurückgekommen war und innerhalb von vier Jahren auf dem felsigen Grund sein Schloss baute. Dort thront es bis heute und zieht durch seine Extravaganz die Aufmerksamkeit auf sich. *Château de l'Anglais*

◼3 CLUB NAUTIQUE DE NICE   [131 E5–6]

Der Club Nautique hat eine lange Geschichte: Gegründet 1883, gingen hier schon König Alfons XIII. von Spanien, Gustave Eiffel und Henri Matisse ein und aus. Zunächst nur Yachtclub, kamen schon bald darauf die Disziplinen Rudern und später Segeln dazu. Lust auf einen Schnupperkurs? Regelmäßig werden Ruder- und Segelkurse angeboten, auch für Kinder ab 7 Jahren. *Ganzjährig geöffnet | 50 bd. Franck-Pilatte | Tel. 04 93 89 39 78 | www.cnnice.org*

◼4 PARC FORESTIER DU MONT BORON ❀   [131 F4–6]

Park mit Aussicht: Über 11 km ziehen sich die markierten Wege durch 57 ha Pinien, Eukalyptus, Zypressen und wilde Orchideen. Auf 178 m Höhe erreichen Sie den Aussichtspunkt mit Doppelpanorama auf die Baie des Anges und Villefranche-sur-Mer. Ausgangspunkt eines Spaziergangs in der wilden, farbenreichen Natur kann auch die Festung von *Mont Alban* – ein schönes Exemplar der Militärarchitektur des 19. Jhs. – im Norden des Parks sein. Auch hier eine Aussicht der Extraklasse: ein atemberaubender Blick auf die Bucht von Villefranche, das Cap Ferrat und Beaulieu. *Bus 82, 112 ab Gare Routière bis Route Forestière, weiter mit Bus 14 bis Mont Boron*

Verfechter der italienischen Einheit und einem der berühmtesten Söhne der Stadt. Schön wie sein Name könnte der Platz sein, wären da nicht die vielen Autos, die den Platz heute kreuzen. *Le Port*

Port Lympia: Wie überall an der „Côte" sieht man auch hier die ein oder andere Luxusyacht

5 PLACE DE L'ÎLE DE BEAUTÉ [131 D4–5]

An der Stirnseite des Hafens liegt der Platz Île de Beauté. Die Kirche *Notre-Dame du Port* ist umgeben von symmetrisch angeordneten neoklassizistischen Gebäuden mit schönen Arkadengängen. Die Kirche sollte den Hafen beschützen, Seefahrer vor ihrer Abreise segnen und die Fischer nach der Heimkehr empfangen. An dem Platz steht das Geburtshaus von Giuseppe Garibaldi, dem

6 PORT LYMPIA ⭐ [131 D5]

Wie es so ist – in einem Hafen riecht es nach Abenteuer und der weiten Welt: wenn die Schiffe aufgerüstet und poliert werden, die Masten im blauen Himmel knarzen und die Hörner der großen Meereskreuzer durch den Hafen schallen. So warten auch in Nizza Yachten, Fähren und Kreuzfahrtschiffe auf ihren Aufbruch. Auf der Ostseite, am *Quai de deux Emmanuels,* liegen die guten Restaurants der Stadt dicht beieinander; die

Häuser auf der Westseite entlang des *Quai Papacino* und des *Quai Lunel* sind im italienischen neoklassizistischen Stil mit barocken Elementen gebaut – bemerkenswert die Architektur des *Maison Liprandi (20 quai*

CIMIEZ

> Antike Geschichte und Kunst mitten in der Villengegend von Nizza – das ist das Viertel Cimiez auf den Hügeln nördlich des Stadtzentrums. Ein Ruhepol im Großstadt-

Großbürgerliche Pracht: Am Boulevard de Cimiez ist ein Gebäude schöner als das andere

Lunel), das Philippe Nicolas de Robilante im 18. Jh. gebaut hat. *Le Port | Saint-Aignan/Pilatte*

Insider Tipp **7 WEG AM MEER** [131 E–F 5–6]

Lust auf einen Spaziergang? Ausgehend vom *Parc Vigier* oder vom *Jardin Félix Raynaud* können Sie über in Felsen gebaute, romantische Wege in 20 Minuten das Cap de Nice erreichen und in etwas über einer Stunde zum Mont Boron spazieren. Wahnsinnig romantisch! *Parc Vigier*

treiben: Gärten und Parkanlagen für die Entspannung, Geschichte und Kultur für den Genuss. Wo sich heute prunkvolle Belle-Époque-Villen aneinanderreihen, zeugen römische Ruinen von der frühen Geschichte Cimiez'. Ein Muss für alle Kunstliebhaber ist das Werk der beiden großen Künstler Marc Chagall und Henri Matisse – zu besichtigen in zwei fantastischen Museen. Die Meister der Farben und Formen verewigten ihre Liebe zu Nizza in ihren Werken: farbenfroh und leicht – wie das Leben an der Baie des Anges. Und nicht zu vergessen die Franziskanermönche, die sich ebenfalls auf dem Hügel von Cimiez niedergelassen haben. Ruinen, Kloster, Park, Museen: alles nur ein paar Schritte voneinander entfernt!

1 ARÈNES ET PARC DE CIMIEZ [130 C1]

Die Arena von Cimiez wurde im 1. Jh. gebaut und bot 5000 Zuschauern Platz. Wo vor 2000 Jahren Gladiatoren kämpften, finden heute kulturelle Veranstaltungen und Feste statt. Die Parkanlage mit Pinien und Olivenbäumen bietet einen weiten Blick über die Dächer von Nizza, viel Platz zum Spielen und Pausieren und an warmen Sommertagen Schatten und Entspannung. Im Juli pilgern Jazzbegeisterte zum internationalen Jazzfestival in die Gärten von Ci-

miez, um in antiker Kulisse ein einzigartiges Musikspektakel zu erleben. *April/Mai/Sept. tgl. 8–19, Juni–Aug. 8–20, Okt.–März 8–18 Uhr | 160 av. des Arènes | Eintritt frei | Arènes/Musée Matisse*

2 BOULEVARD DE CIMIEZ [130 C2]

Insider Tipp

Ein Städtebauprojekt der Extraklasse: 1880 kaufte Henri Germain, Gründer der Bank „Crédit Lyonnais", die Olivenhaine der Colline de Cimiez. Er beauftragte seinen Freund Sébastien-Marcel Biasini mit der Gestaltung des Boulevard de Cimiez, der bis zum *Excelsior Regina* (s. S. 40) führt, der Krönung des gewaltigen privaten Bauprojekts. *Le Grand Palais* (Nr. 2) im klassischen französischen Stil galt damals mit seinen neun Etagen als technisches Meisterwerk. *Le Majestic* (Nr. 4) kündigt den Baustil der 30er-Jahre an – viele

❯ ENTSPANNEN & GENIESSEN
Promenaden mit Meerblick, breiter Strand, Bars

Nichts ist entspannender, als den Blick übers blaue Meer schweifen zu lassen. Ebenso blau wie das Meer sind die Stühle, die auf der *Promenade des Anglais* bereitstehen, um sich auszuruhen, zu lesen, zu lunchen. 8 km ist Nizzas Stadtstrand lang: im Winter beliebt zum Spazierengehen und Faulenzen entlang der schützenden Mauer. Im Sommer ist hier Hochbetrieb! Der Steinstrand ist dann bestens ausgerüstet: 15 Strandbars und -restaurants vermieten tageweise Liegen und Sonnenschirme, dazu Duschen, Umkleidekabinen und – angenehm – Service direkt an der Liege. In ist der ❯❯ *Castel Beach* am Ende der

Bucht, gegenüber vom Hotel La Perouse. Aber auch andere Strände wie der *Blue Beach* oder die *Plage du Ruhl* sind die richtige Wahl für einen Urlaubstag à la niçoise. Eine Liste aller Strände finden Sie unter *www.plagesdenice.com*. Besonders im Juli und August sollten Sie die Liegen vorab reservieren! Natürlich gibt es auch frei zugängliche Strände, gut gepflegt und ebenfalls alle mit Duschen ausgestattet. Laut europäischer Norm ist das Badewasser von Nizza von ausgezeichneter Qualität. Nur Sandstrände werden Sie in Nizza vergeblich suchen – die beginnen weiter westlich in Antibes/Juan-les-Pins.

Erker und Belvedere-Terrassen. In der *Villa Paradisio* (Nr. 24) im Stil Ludwigs XV. ist heute eine Musikschule untergebracht. Die Villen *Raphaeli-Surany* (Nr. 35) und *L'Alhambra* (Nr. 46) gegenüber erinnern an den um 1900 beliebten maurischen Stil. Ein Beispiel der typischen Nizzaer Architektur der Jahrhundertwende sehen Sie am *Winter Palace* (Nr. 84) – eine weiße Fassade, mit Stuck verziert.

3 EGLISE ET MONASTÈRE NOTRE-DAME-DE-CIMIEZ [131 D1]

In der Klosterkirche aus dem 15./16. Jh. sind drei Hauptwerke des Nizzaer Malers Louis Bréa und ein monumentaler Altaraufsatz aus geschnitztem, mit Blattgold verziertem Holz zu besichtigen. Die drei Altäre von Bréa, entstanden zwischen 1475 und 1515, zeigen ein Vesperbild, die Kreuzigung und die Kreuzabnahme. Auf dem Friedhof des Klosters sind die Künstler Raoul Dufy und Henri Matisse sowie der Schriftsteller Roger Martin du Gard beigesetzt. *Tgl. 8–12 u. 14.30–18.30 Uhr | pl. du Monastère | Eintritt frei | Arènes/Musée Matisse o. Monastère*

4 JARDIN DU MONASTÈRE [131 D1] Insider Tipp

Neben der Klosterkirche *Notre-Dame-de-l'Assomption* befindet sich der ✻ Klostergarten mit Rosenbeeten, Zypressen, Orangenbäumen und einem weiten Blick über Nizza und die Baie des Anges. Das Kloster selbst ist bis heute von Franziskanermönchen bewohnt, für die Öffentlichkeit aber nicht zugänglich. *April/Mai/Sept. tgl. 8–19, Juni–Aug. 8–20, Okt.–März 8–18 Uhr | pl. du Monastère | Eintritt frei | Arènes/Musée Matisse o. Monastère*

5 MUSÉE ET SITE ARCHÉOLOGIQUES DE NICE-CIMIEZ [130 C1]

Eine Zeitreise ins Jahr 13 v. Chr.: Bis dahin führt die Geschichte Cimiez' zurück, als die Römer an dieser

Notre-Dame-de-Cimiez: In der Klosterkirche dominiert der Ehrfurcht gebietende Altaraufsatz

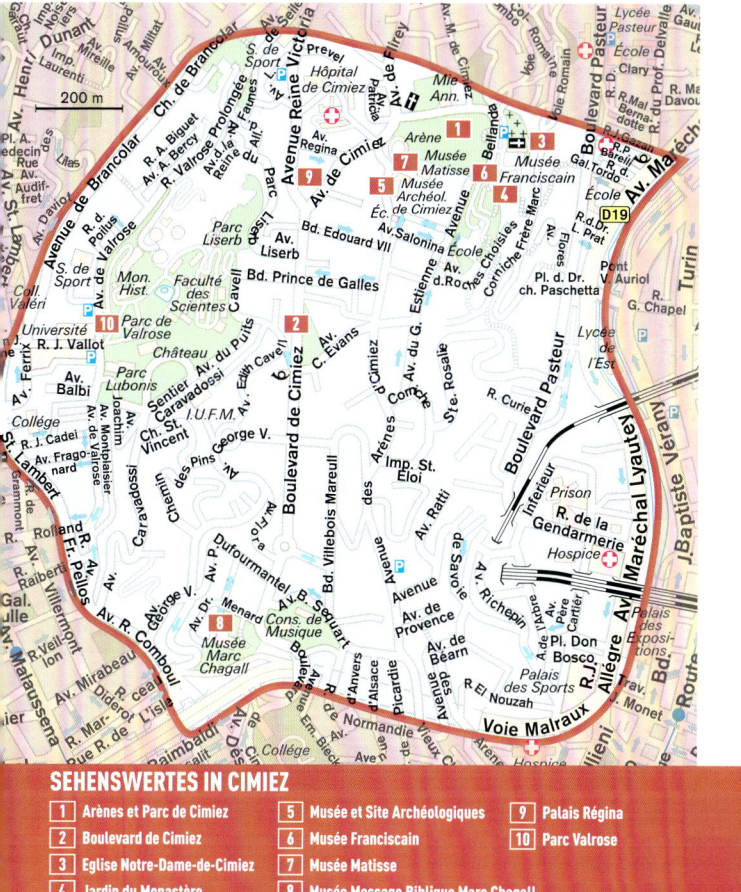

Stelle die Siedlung Cemenelum gründeten. Die Sammlung zeigt Funde von Ausgrabungen aus Cimiez und Umgebung und ist Zeugnis der griechischen und römischen Vergangenheit. Das ca. 2 ha große Areal umfasst Thermalanlagen, Straßen, Wohn- und Geschäftsviertel. *Mi–Mo*
10–18 Uhr | 160 av. des Arènes | Eintritt frei | www.musee-archeologique-nice.org | Arènes/Musée Matisse

6 MUSÉE FRANCISCAIN [130 D1]

Die Ausstellung dokumentiert das Leben der Franziskaner in Cimiez vom 16. Jh. bis heute. Gezeigt werden Dokumente und Kunstwerke wie Fresken, Gemälde und Skulpturen. *Mo–Sa 10–12 u. 15–18 Uhr (15. Okt. bis April nur bis 17.30 Uhr) | pl. du Monastère | Eintritt frei | Arènes/Musée Matisse o. Monastère*

7 MUSÉE MATISSE ⭐ [130 C1]

In einer genuesischen Villa aus dem 17. Jh. befindet sich mitten in den Gärten von Cimiez das Museum, das das Schaffen des berühmten französischen Künstlers zeigt. Neben Gemälden, Zeichnungen und Skulpturen beherbergt das Museum Fotografien und Gegenstände aus Henri Matisse' Privatsammlung. *Okt.–März Mi–Mo 10–17, April– Sept. 10–18 Uhr | 164 av. des Arènes de Cimiez | Eintritt frei | www.musee-matisse-nice.org | Arènes/Musée Matisse*

8 MUSÉE NATIONAL MESSAGE BIBLIQUE MARC CHAGALL ⭐ [130 C3]

Die gesamte Entstehungsgeschichte von Chagalls Werk „Biblische Botschaft" ist in diesem Museum zu besichtigen. Die Biblische Botschaft setzt sich aus 17 Gemälden zusammen. Der Architekt André Hermant hat das Gebäude speziell für dieses Werk in Zusammenarbeit mit Marc Chagall entworfen. Die für Chagall typischen fröhlichen Farben und Linien kommen hier besonders zum Leuchten und schaffen einen Ort der Leichtigkeit. *Nov.–April Mi–Mo 10–17, Mai–Okt. 10–18 Uhr | av. Docteur Ménard | Eintritt 6,50 Euro | www.musee-chagall.fr | Musée Chagall*

Insider Tipp ### 9 PALAIS RÉGINA [130 C1]

Prunkvollster Belle-Époque-Bau Nizzas. Gebaut 1897 innerhalb von 15 Monaten, war es als Hôtel Excelsior Régina Palace den Besuchen der Königin Victoria von England gewidmet. 1938 kaufte Henri Matisse zwei Appartements in dem ehemaligen Hotel, die er bis zu seinem Tod 1954 bei seinen Aufenthalten in Nizza bewohnte. Heute sind die Wohnungen des Palais Régina in Privatbesitz und der Öffentlichkeit nicht zugänglich. Auf dem Weg durch Cimiez ist das Palais aber unbedingt einen Blick wert. *Kreuzung Boulevard de Cimiez und Avenue Reine Victoria*

10 PARC VALROSE [130 B–C2]

Am Fuß des Hügels von Cimiez erstreckt sich die grüne Oase über 10 ha. Der Park ist Standort der naturwissenschaftlichen Fakultät der *Université Nice Sophia-Antipolis.* Neben einer großen Vielfalt an Pflanzenarten führt der Spaziergang vorbei an zwei Schlössern, Springbrunnen und Skulpturen. Wie aus einer anderen Zeit erscheint die *Isba,* ein Pavillon aus sibirischer Tanne, die Ende des 19. Jhs. auf Wunsch des einflussreichen Barons von Derwies in Einzelteilen aus Kiew verschifft wurde. In dem historischen Monument ist heute ein Büro der Universität untergebracht. *Mo–Sa 14–18 Uhr | 28 av. Valrose | Eintritt frei | Valrose*

ABSEITS DES ZENTRUMS

CATHÉDRALE ORTHODOXE RUSSE SAINT-NICOLAS ⭐ [130 A4]

Grüne Zwiebeltürme ragen in den Himmel – ein Hingucker in der Silhouette Nizzas. Es sind die Türme der russischen Kathedrale, des größten russischen Gotteshauses außerhalb Russlands. Die Kathedrale aus terrakottafarbenem Backstein, hellgrauem Marmor und leuchtenden Keramiken ist nicht nur ein wunder-

12 u. 14.30–17, 16. Feb.–April 9–12 u. 14.30–17.30 Uhr | geschl. während Messen und an besonderen Feiertagen | av. Nicolas II | Eintritt 3 Euro | www.acor-nice.com | Tzarewitch/ Gambetta

Cathédrale Saint-Nicolas: seit fast 100 Jahren Zeugnis russischen Lebens an der Côte d'Azur

schönes Gebäude, sondern auch Zeugnis der russischen Vergangenheit Nizzas. Russische Adelsfamilien und Mitglieder des Zarenhofs ließen sich im 19. Jh. an der Côte d'Azur nieder. Der Bau einer Kathedrale wurde notwendig. 1912 feierte die russische Gemeinde die Einweihung ihres Gotteshauses. Beeindruckend geht es im Inneren der Kathedrale weiter: wertvolle Ikonen, Fresken und Holzschnitzereien. *Mai–Sept. tgl. 9–12 u. 14.30–18, Okt. 9.15–12 u. 14.30–17.30, Nov.–15. Feb. 9.30–*

Der größte russische Friedhof der Côte d'Azur, der *Cimetière Russe de Caucade,* wurde 1867 angelegt. Er liegt etwas abseits im Viertel Arénas [139 D3]. Russische Adelige, Maler und Schriftsteller, wie der Philosoph Alexander Herzen, fanden hier ihre letzte Ruhe. *Tgl. 8–19 Uhr (Sommer), 8–17 Uhr (Winter) | 78 av. Sainte-Marguerite | Cimetière de Caucade*

MUSÉE DES ARTS ASIATIQUES   [139 D3]

Zen-Attitüde! Schon das Gebäude ist sehenswert: Der japanische Architekt

ABSEITS DES ZENTRUMS

Kenzo Tange hat das Meisterwerk aus weißem Marmor in einem künstlichen See in einem 7 ha großen Park entworfen. „Das Museum ist ein Schwan, der auf dem Wasser eines ruhigen Sees inmitten einer üppigen Vegetation an der Mittelmeerküste schwimmt", so Tange. Im Museum gibt es vier Räume, die China, Japan, Indien und Südostasien gewidmet sind. Im ersten Stockwerk ist der Buddhismus mit einer bemerkenswerten Sammlung vertreten. Ein besonderes Highlight: der *Teepavillon* mit einer regelmäßigen Teeverkostung und Teezeremonie (10 Euro, tel. Anmeldung nötig). *Mai–15. Okt. Mi– Mo 10–18, 16. Okt.–April 10–17 Uhr | Eintritt frei | Tel. 04 92 29 37 02 | www.arts-asiatiques.com | Arénas*

Insider Tipp

MUSÉE DES BEAUX-ARTS   [130 A5]

Seit 1928 befindet sich das städtische Museum der Schönen Künste in den Räumen des prunkvollen Palais, der 1878 für die ukrainische Prinzessin Elisabeth Kotchoubey gebaut wurde. Die Villa mit ihrem Garten, dem Atrium und ihrer monumentalen Treppe ist ebenso sehenswert wie die kleine, aber feine Sammlung des Museums. Zu den Exponaten gehören Gemälde des Rokokomalers Jean-Honoré Fragonard und der Impressionisten Eugène Boudin, Edgar Degas, Claude Monet und Alfred Sisley. Im großen Ausstellungsraum befinden sich Werke von Raoul Dufy, angefangen von seinen ersten kubistischen Versuchen bis hin zu seinem Spätwerk. Ein Teil des Museums ist den Werken von Jules Chéret, einem Wegbereiter der modernen Plakatmalerei, gewidmet. *Di–So 10–18 Uhr | 33 av. des Baumettes | Eintritt frei | www.musee-beaux-arts-nice.org | Grosso o. Rosa Bonheur o. Chéret*

MUSÉE INTERNATIONAL D'ART NAÏF ANATOLE JAKOVSKY   [139 D3]

Insider Tipp

Einfach, bunt, unbekümmert, Reisen in eine imaginäre Welt – die naive

Musée des Arts Asiatiques: Die Präsentation der Objekte lenkt den Blick aufs Wesentliche

Malerei vom 18. Jh. bis heute ist in dem ehemaligen Stadtschloss des Parfumeurs François Coty zu bewundern. Einer Schenkung von Anatole Jakovsky ist es zu verdanken, dass Nizza heute eine der weltweit bedeutendsten Ausstellungen der naiven Kunst besitzt. Und was es zu sehen gibt, ist in der Tat erstaunlich: ca. 600 Werke von berühmten Malern wie Bauchant, Bombois, Vivin, Séraphine oder Rimbert. *Mi–Mo 10–18 Uhr | Château Sainte-Hélène | av. de Fabron | Eintritt frei | www.nice.fr/ mairie_nice_198.html | Vallon Barla*

OBSERVATOIRE DE NICE ❄ [131 F1]
Charles Garnier als Architekt und eine riesige, mobile Kuppel von Gustave Eiffel, die mit 18 m Länge und 76 cm Durchmesser eines der größten Fernrohre der Welt beherbergt – das ist das Observatorium von Nizza. Der Traum von Louis-Raphael Bischoffsheim wurde 1887 fertiggestellt und steht heute unter Denkmalschutz. Das Observatorium spielte sehr früh eine wichtige Rolle in der Astronomie und hat heute noch maßgeblichen Anteil an Forschungen in Physik und Astrophysik. Die Spezialisten erklären selbst – leider nicht auf Deutsch. Und nicht nur der Blick nach oben lohnt sich: Eine tolle Aussicht über Nizza und die Baie des Anges gibt es vom 40 ha großen Park aus. *Besichtigung Mi/Sa 14.45 Uhr | bd. de l'Observatoire | Eintritt 5 Euro | www.astrorama.net | Observatoire*

VILLA ARSON [130 A1]
Eine prunkvolle Villa aus dem 17. Jh., umgeben von moderner Architektur aus Kieselsteinen und Beton mit weitläufigen Terrassen und Gärten: Die Villa Arson ist ein Zentrum für zeitgenössische Kunst, in dem die Ecole Supérieure Nationale d'Art und das Centre National d'Art Contemporain untergebracht sind – Institutionen, die eine internationale Referenz für junge, hier ausgebildete Künstler bedeuten. Der Architekt Michel Marot, ein Schüler von Walter Gropius, schmückte die 2 ha große Gartenanlage mit zahlreichen Kunstwerken. Wechselnde Ausstellungen zeitgenössischer Kunst. *Mi–Mo 14–18 Uhr (Juli–Sept. bis 19 Uhr) | 20 av. Stephen Liégeard | Eintritt frei | www.villa-arson.org | Le Ray o. Deux Avenues*

IN DEN HÜGELN VON NIZZA

Nur ein Katzensprung ist es vom Zentrum in die Hügel – und der Weg lohnt sich. Denn hier sind Sehenswürdigkeiten versteckt, die nicht am Wegesrand liegen und die daher umso aufregender aufzuspüren sind.

CASCADE DE GAIRAUT [139 D2] *Insider Tipp*
Ein Denkmal der besonderen Art ist der Wasserfall von Gairaut. Er erinnert an das Jahr 1883, seit dem das Wasser des Vésubie-Kanals die Stadt mit Wasser versorgt. Direkt oberhalb des Wasserfalls, der sich in ein symmetrisches Becken ergießt, steht auf einem Steinhügel ein kleines Châlet. Unterhalb des Wasserfalls liegt die kleine Kirche von Gairaut aus dem

17. Jh. Ein Spaziergang unter Oliven- und Feigenbäumen? Nehmen Sie den alten ❋ *Chemin de Gairaut,* der am ehemaligen Kanal entlang bis zur *Avenue de Rimiez* führt (Dreiviertelstunde hin und zurück) und genießen Sie den Ausblick auf Nizza. Für einen kleinen Snack halten Sie bei *L'Autobus* an. Das Bäckerei-Bar-Gasthaus gibt es seit 1928 *(180 av. de Gairaut | Tel. 04 93 84 49 88 | €– €€).* Bus 76 ab Tramstation Comte de Falicon bis Cascade de Gairaut

LA MAISON DE BEN [139 D2]

Wenn Sie schon die Werke von Ben im MAMAC bewundert haben, werfen Sie doch auch noch einen Blick auf sein Haus. Im Garten befindet sich eine bizarre Zusammenstellung von Gegenständen: von Bidets, die als Blumentöpfe dienen, bis zu Fernsehern, vom Rhinozeros bis zu Piratenstatuen. Auf jedem kleinsten Fleck steht ein Spruch mit seiner unverkennbaren Schrift. Das Haus ist leider nicht zu besichtigen. Mehr von Ben Vautier inklusive Onlineshop unter *www.ben-vend-tout.com. „Chez Malabar et Cunégonde"* | *103 route de Saint-Pancrace*

LE MOULIN ALZIARI [138 C3]

Nicolas Alziari gründete die Ölmühle 1879. Sie ist heute die letzte, die in Nizza noch in Betrieb ist. Die ursprünglichen Mahlsteine zerdrücken immer noch die typischen kleinen Oliven, die *caillettes,* und das Rezept des bekannten Nektars ist unverändert geblieben. Die Mühle ist von November bis März in Betrieb, kann

> BÜCHER & FILME

Die Manns auf Reisen und Cary Grant auf dem Dach

> **Anthony Zimmer** – Thriller-Romanze mit Yvan Attal und Sophie Marceau (2005). Erst wird François Taillandier von Chiara Manzoni ins Négresco gelockt, dann von Killern heimgesucht. Die Verfolgungsjagd beginnt ...

> **Über den Dächern von Nizza** – Alfred Hitchcocks Filmklassiker (1955) mit Cary Grant und Grace Kelly. Von Cannes bis Eze wird Cary Grant alias die „Schwarze Katze" gescheucht

> **In der Hitze von Nizza** – In Patrick Raynals Krimi (2004) ermittelt Raymond Matas in einem Raubmord. Verdächtiger ist sein ihm bis dahin unbekannter Sohn ...

> **Die Ratten von Nizza** – Ken Folletts Reportage-Thriller (1997) über den großen Bankraub von Nizza. Durch einen Tunnel in den Abwässerkanälen durchbricht der Räuber am 16. Juli 1976 die Wand des Tresorraums der Société Générale

> **Der Nizza-Clan** – Polit-Thriller (2006) von Monsieur Rainer rund um Korruption und Machtmissbrauch

> **Das Buch von der Riviera** – Ein ungewöhnliches Reisetagebuch. Erika und Klaus Mann erzählen von ihren Erlebnissen an der französischen Riviera. Erstmals 1931 erschienen, nun als Reprint erhältlich

> **Jazz** – „Zeichnen mit der Schere" – Reprint von Henri Matisse' Künstleralbum „Jazz" mit wunderbaren Scherenschnitten und Texten

aber ganzjährig besichtigt werden. *Mo–Fr 8–12 u. 14–18 Uhr (Mo ab 9 Uhr) | Eintritt frei | 318 bd. de la Madeleine | Tel. 04 93 44 45 12 | La Madeleine*

LE VIGNOBLE DE BELLET [138 C2]

In *Saint-Roman de Bellet* befinden Sie sich auf dem mikroskopisch kleinen Weinanbaugebiet von Nizza. Die beiden Schlösser, das *Château de Bellet,* im Nizzaer Stil und mit ockerfarbener Trompe-l'Œil-Fassade, und das *Château de Crémat* mit seiner eindrucksvollen Architektur zwischen Mittelalter und Rokoko, sind schon von Weitem zu sehen. Über die außergewöhnlichen Weine von Bellet können Sie in den beiden Châteaux oder bei einer Degustation in einem

der Weingüter mehr erfahren. Besichtigung und Verkostung nach Terminvereinbarung. Der Künstler der Nizzaer Schule, Sacha Sosno, der die „Quadratschädel" gezeichnet hat, besitzt seit 1989 ein Weingut: *Les Restanques de Bellon.* Eine vollständige Liste aller Weingüter finden Sie unter *www.nicetourism.com/pro* in der Rubrik „Material" und dort unter „Wegweiser für Profis".

– *Château de Bellet | 440 chemin du Saquier | Tel. 04 93 37 81 57 | www. vinsdebellet.com | Bus 62*
– *Château de Crémat | 442 chemin de Crémat | Tel. 04 92 15 12 15 | www.chateau-cremat.com | Bus 11 Saint-Isidore/Eglise*
– *Les Restanques de Bellon | Collet de Bellon | Tel. 04 93 37 98 11*

Das Château de Crémat steht für frischen Rosé, eleganten Weißwein, fruchtigen Rotwein

> SCHLEMMEN WIE GOTT IN NIZZA

Die Metropole am Mittelmeer ist ein Paradies für Liebhaber der mediterranen Küche

> **Nizza ist ohne Zweifel die Stadt Frankreichs, die am stärksten ihre eigene Küche entwickelt hat. Was sie so besonders macht, ist die Mischung aus provenzalischen und italienischen Einflüssen. Olivenöl, Knoblauch, Kräuter, Gemüse, aber auch herzhaftes Fleisch, wie die _daube niçoise,_ sind Bestandteil dieser lokalen Küche. _Petits farcis, raviolis niçoise, pissaladière_ – das sind die Gerüche Nizzas!**
Neben Lyon, wo sich so viele erstklassige Restaurants etabliert haben,

ist Nizza auch die einzige Stadt Frankreichs, deren Name direkt mit der Küche in Verbindung gebracht wird: der _cuisine niçoise_ oder _nissarde_ im Dialekt. Um die traditionellen Rezepte zu bewahren, wurde das Label „Cuisine Nissarde" eingeführt. Sehen Sie im Fenster das Schild mit einer Frau in der Tracht Nizzas, geht es direkt hinein in die authentische Nizzaer Küche! Nizza ist außerdem ein Paradies für Liebhaber von

Bild: Restaurant Aphrodite

ESSEN & TRINKEN

Fischgerichten und Meeresfrüchten. Gegrillter Wolfsbarsch mit Fenchel ist ein Leckerbissen! Außerdem werden Sardellen, Rotbarben und Goldbrassen gefangen und mit Raffinesse zubereitet. Aber was wäre ein feiner Fisch ohne den passenden Wein? Den gibt es direkt vor der Haustür: aus den Weinhängen von Bellet im Norden von Nizza. Kenner schätzen die Weine, deren Ruf seit Langem Nizzas Grenzen überschritten hat.

Übrigens: Auch wenn die Côte d'Azur die meisten 3-Sterne-Restaurants pro Quadratmeter im Land hat, ist es dennoch möglich, die Nizzaer Küche in allen Preislagen zu kosten!

■ BISTROS & SHOPS ■

Delikatessen zwischen Ölfässern und Weinregalen – in Nizza gibt es wundervolle Bistros, die eine ausgewählte kleine Karte und freundlichen Service mit dem Verkauf ihrer Produkte verbinden. Bestens geeignet für ein kleines Essen am Mittag!

CAVE DE L'ORIGINE [130 B5]

Weinbistro und Feinkostladen in einem. Isabelle und Carlo begrüßen ihre Gäste mit Qualität und Herzlich-

tro serviert er Gerichte von einer monatlich wechselnden Karte. Im Mittelpunkt das Olivenöl: Jeder Speise wird ein in der Karte ausgewiesenes Öl beigefügt. *Geschäft Di–Sa 10–23, So 10.30–17 Uhr | Bistro Di–Sa 12.30–14.30 u. 19.30–21.30, So*

Oliviera: Täglich wird hier bewiesen, dass Olivenöl wohlschmeckend und gesund ist

keit. Wein, Käse, Wurst und eingelegte Delikatessen sind vom Besten. So auch im Bistro mit saisonalen, regionalen Gerichten. Modernes Ambiente aus Metall und Holz, Schiefertafeln und Weinflaschen rundherum. *Di/Mi 10–20, Do–Sa 10–23 Uhr | 3 rue Dalpozzo | Tel. 04 83 50 09 60 | Grimaldi o. Congrès/Joffre | €*

OLIVIERA ⭐ [131 D5]

Seine Passion ist das Olivenöl: Mit leuchtenden Augen verkostet Nadim Beyrouti die erlesensten Öle. Im Bis-

12.30–14.30 Uhr | 8 bis rue du Collet | Altstadt | Tel. 04 93 13 06 45 | www.oliviera.com | €

LA PART DES ANGES [130 C4] Inside Tipp

Sind Sie hier richtig? Ja, Sie sind es! Beim Eintreten stolpert man in Olivier Labarde's kleinem Laden über Weinkartons und Flaschen. Rustikal, originell, fantastisch ist das Bistro im hinteren Teil des Geschäfts mit täglich wechselnden Gerichten und Zutaten frisch vom Markt. *So–Do 10–20, Fr/Sa 10.30–24 Uhr | 17 rue*

Gubernatis | Tel. 04 93 62 69 80 | Wilson | €

CAFÉS & SALONS DE THÉ

BRASSERIE SUD [130 C5]

An der Rue Félix Faure parallel zur Promenade du Paillon reihen sich die Cafés aneinander. Ein Tipp? Die Brasserie Sud: ein beliebter Treffpunkt junger Leute. Mo–Fr 9–22, Sa 10.30–24 Uhr | 10 av. Félix Faure | Cathédrale o. Gare Routière

BRÛLERIE DES CAFÉS INDIEN [130 C5]

Der Duft frisch gerösteten Kaffees führt direkt in den Laden der alteingesessenen Kaffeerösterei. Ein schneller Kaffee im Stehen und eine riesige Auswahl an Kaffeesorten aus aller Welt. Di–Sa 9–12.30 u. 15–19, So 9–12.30 Uhr | 2 bis rue Ste Réparate u. 35 rue Pairolière | Altstadt | www.bruleriedescafesindien.com

PANOI MAISON DE THÉ [130 B4]

Ein Treffpunkt für Teeliebhaber. Die Chinesin Frau Panoi freut sich, Ihnen die wohltuende Wirkung der sechs Teesorten grün, gelb, weiß, blaugrün, rot und schwarz zu vermitteln. Um noch mehr zu erfahren, werden Sie von ihr zur Teezeremonie immer sonntags im Musée des Arts Asiatiques erwartet. Mo–Sa 10.30–18 Uhr | 52 av. Jean Médecin | Jean Médecin

EIS & SAFT

FENOCCHIO ★ [130 C5]

Ausgefallen – wie Lavendel, Lakritz oder Ingwer? Oder doch lieber klassisch – wie Schokolade, Nuss oder Aprikose? Egal wie Sie sich entscheiden – das Eis von Fenocchio ist Spitzenklasse! Tgl. 10–24 Uhr | 2 pl. Rossetti u. 6 rue de la Poissonnerie | Altstadt | www.fenocchio.fr

MANAO [130 C5] Insider Tipp

„Erfrüchtend"! In der ersten Saftbar Nizzas haben Sie die Qual der Wahl zwischen „Deltaplane", einer Mischung aus Erdbeere, Banane, Vanille, Sojamilch und Apfel, „Wakeup" mit Banane, Kakao und Weizen-

MARCO POLO HIGHLIGHTS

★ **Fenocchio**
Eine riesige Auswahl und die ausgefallensten Eissorten der Stadt (Seite 49)

★ **Socca**
Die Spezialität der Stadt gehört zu jedem Nizza-Besuch dazu (Seite 52)

★ **Le Grand Café de Turin**
Das Mekka für Meeresfrüchte (Seite 52)

★ **La Maison de Marie**
Hier trifft sich, wer die cuisine niçoise liebt (Seite 52)

★ **Terres de Truffes**
Der Trüffelkoch Bruno de Lorgues entführt Sie in die Welt des Edelpilzes (Seite 50)

★ **La Zucca Magica**
Vegetarisch auf Italienisch. Und der Besitzer Marco Folicaldi ist ein Unikum (Seite 53)

★ **Oliviera**
Bistro, in dem sich alles um die französische Olive dreht: Südfranzösischer geht es kaum (Seite 48)

keimen, und vielem mehr. Alle Zutaten sind frisch, und so schmeckt es auch. Mittags gibt es frische Salate und Wraps. *Tgl. 9–22 Uhr (Sommer), 10.30–15.30 Uhr (Winter) | 14 rue de la Préfecture | Altstadt*

■ RESTAURANTS € € €

L'ANE ROUGE [131 D5]

Unter Gourmets schon lange ein Begriff. Sternekoch Michel Devillers bietet eine exklusive Küche – hervorragende Zutaten, kunstvoll drapiert. Ein Genuss für Auge und Gaumen. Schöne Terrasse. *Do–Di 12–14 u. 19.30–22 Uhr | 7 quai des Deux-Emmanuel | Tel. 04 93 89 49 63 | www.anerougenice.com | Lazaret*

APHRODITE [130 C4] *Insider Tipp*

Wanted: experimentierfreudige Gäste, die das Außergewöhnliche lieben. Haben Sie sich erkannt? Dann verpassen Sie das Aphrodite nicht. In elegantem Dekor gibt es David Faure's neueste kulinarische Kreationen und regionale Rezepte mit einer sehr persönlichen Note. Unvergesslich gute Kochkunst. *Di–Sa 12–13.45 u. 19.30–21.30 Uhr | 10 bd. Dubouchage | Tel. 04 93 85 63 53 | www.restaurant-aphrodite.com | Sasserno*

▶ GOURMETTEMPEL
Hohe Küchenkunst am Mittelmeer

TERRES DE TRUFFES ★ [130 C5]

Hier regiert die Trüffel. Der Meister des Edelpilzes, Bruno de Lorgues, zaubert in seinem „Boutique-Restaurant" Delikatessen rund um die tolle Knolle. Im Bistro gibt es das Trüffelmenü, in der Boutique Spezialitäten mit dem duftenden Pilz für daheim. *Di–Sa 12–14 u. 19–22 Uhr (Boutique ab 10 Uhr) | Menü 75 Euro | 11 rue Saint-François de Paule | Altstadt | Tel. 04 93 62 07 68 | www.terresdetruffes.com*

L'UNIVERS [130 C5]

Sternekoch Christian Plumail kommt aufs Wesentliche: Haute Cuisine à la provençale. Das Lokal ist gemütlich-elegant und die Küche persönlich, leicht und authentisch. *Di–Fr 12–14 u. 19.45–22, Mo u. Sa 19.45–22 Uhr | Menüs ab 44 Euro | 54 bd. Jean Jaurès | Tel. 04 93 62 32 33 | www.christianplumail.com | Cathédrale-Vieille Ville*

LA RÉSERVE DE NICE [131 E5]

Zwei in einem! Als Hotelrestaurant erstmals 1875 eröffnet, hat der finnische Sternekoch Jouni Tormanen, ehemaliger Schüler von Alain Ducasse, den Restaurantmythos erneut zum Leben erweckt. Lage und Blick sind besonders: Das Gebäude liegt auf einem Felsen direkt am Hafeneingang, mit ❈ Panorama-terrasse. Im Gourmetrestaurant *Jouni Atelier du Goût* experimentiert Tormanen z. B. mit Artischocken, Rucola, Anchovis und Calamari. Seine Spezialitäten: Gnocchi und Gamberoni *(tgl. 12–14 u. 19–21.45 Uhr | ca. 100 Euro)*. Günstiger bekommt man Tormanens Kochkunst bei gleichem Service und gleicher Qualität im À-la-carte-Restaurant *Le Bistrot de la Réserve* im Erdgeschoss *(tgl. 12–14.30 u.19–22.30 Uhr | 40–50 Euro)*. *60 bd. Franck Pilatte | Tel. 04 97 08 29 98 | www.lareservedenice.com | La Réserve*

ESSEN & TRINKEN

BISTROT DES VIVIERS [130 B5]

Jakobsmuschelpfanne, Langustinentopf, Hummerrisotto: Küchenchef David Vaque zaubert hervorragende Fischspezialitäten. In der Brasserie im Stil des 19. Jhs. erwarten Sie bester Service, Kreativität von der Vorspeise bis zum Dessert und eine tolle Atmosphäre. *Mo–Sa 12–14 u. 19.30–22 Uhr | 22 rue Alphonse Karr | Tel. 04 93 16 00 48 | www.les-viviers-nice.com | Alphonse Karr*

COCO-BEACH ❧ [131 E6]

Restaurant mit Tradition und Meerblick! 1936 eröffnet, hat hier schon Picasso seine Geburtstage gefeiert. Eine wunderbare Fischkarte kombiniert mit Spezialitäten à la niçoise und regionalen Weinen aus den Anbaugebieten der Côtes de Provence. Südfranzösisches Lebensgefühl pur. *Di–Sa 12–13.30 u. 19.30–22 Uhr | 2 av. Jean Lorrain | Tel. 04 93 89 39 26 | www.cocobeach.fr | La Réserve*

DON CAMILLO CRÉATIONS [131 D5]

Mit kreativer Energie rollt Marc Laville die klassische *cuisine niçoise* neu auf. Ungewöhnliche Kombinationen, wie *foie gras* mit Thunfisch, serviert er in seinem modern eingerichteten Restaurant. Es schmeckt einfach köstlich. *Di–Sa 12–13.30 u. 19.30–21.30 Uhr | 5 rue des Ponchettes | Altstadt | Tel. 04 93 85 67 95 | www.doncamillo-creations.fr*

LUC SALSEDO [130 B5]

Die Stammkunden eilen zu Luc Salsedo wegen der gelungenen Mischung aus leichter mediterraner Küche und erlesener Hausmannskost. Für jeden Gang stehen jeweils drei Gerichte zur Auswahl; die Karte wechselt alle zehn Tage. *Fr, So–Di 12.15–14 u. 19.30–22 Uhr, Do u. Sa 19.30–22 Uhr | 14 rue Maccarani | Tel. 04 93 82 24 12 | www.restaurant-salsedo.com | Congrès/Joffre*

Terres de Truffes: Trüffelschwein sein und den „schwarzen Diamanten" genießen

■ RESTAURANTS € €

BRASSERIE FLO [130 C5]

Hier kommt Küche auf die Bühne: In einem ehemaligen Theater bietet das elegante Restaurant mediterran-französische Speisen und sehr gute Meeresfrüchte zu angemessenen Preisen. *Tgl. 12–14.30 u. 19–24 Uhr | 2/4 rue Sacha Guitry | Tel. 04 93 13 38 38 | www.flonice.com | Masséna*

CANTINE BIO DU HI HÔTEL [130 A5]

Das Hi Hotel mit seinem Biorestaurant beweist es: „bio" und Top-Design sind kein Widerspruch. In modernem, farbenfrohem Ambiente gibt es Biologisches vom Frühstück bis zum Abendessen. Noch besser schmeckt es auf der Terrasse. *Tgl. 7–24 Uhr | 3 av. des fleurs | Tel. 04 97 07 26 26 | www.hi-hotel.net | Gambetta/Bottéro o. Alsace-Lorraine*

CÔTÉ SUD [130 C2]
Auf dem Hügel von Cimiez ist dieses Lokal der perfekte Ausklang nach den Meisterwerken von Matisse und Chagall. Bei Luc Jaffres bekommen

Sie eines der besten Essen in Nizza mit frischen Marktzutaten. *Mo–Mi 7–16, Do/Fr 7–22 Uhr | 2 rue Prof Maurice Sureau | Tel. 04 93 01 36 40 | Edith Cavell*

LE GRAND CAFÉ DE TURIN ⭐ [131 D4]
Austern schlürfen und Muscheln knacken nach Herzenslust! Seit hundert Jahren ein Lieblingstreffpunkt der Nizzaer. Lockere Atmosphäre. *Mo–Sa 8–22 Uhr | 5 pl. Garibaldi | Tel. 04 93 62 29 52 | www.cafedeturin.com | Garibaldi*

LA MAISON DE MARIE ⭐ [130 C5]
Einen Katzensprung von der Place Masséna entfernt liegt versteckt in einem schönen Hinterhof das Restaurant mit lokaler und provenzalischer Küche. Eine beliebte Adresse von Vips und Einheimischen, deshalb unbedingt reservieren! *Tgl. 12–14 u. 19–23 Uhr | 5 rue Masséna | Tel. 04 93 82 15 93 | www.lamaisondemarie.com | Masséna*

LA MERENDA [130 C5]
Dominique Le Stanc, einst Küchenchef im Hotel Négresco, kocht in seinem winzigen Restaurant Nizzaer Spezialitäten und legt Wert auf das Wesentliche: beste Zutaten, gute Rezepte und eine authentische Atmosphäre. Ein echter Tipp. *Mo–Fr 12–13.30 u. 19–21.30 Uhr | 4 rue Raoul Bosio | Altstadt*

LES PÊCHEURS [131 D5]
Wo schmeckt Fisch besser als direkt am Hafen? Hier ist man spezialisiert auf Fischgerichte aller Art, liefert Qualität verbunden mit Raffinesse in typischem Marinedekor. *Do abends*

ESSEN & TRINKEN

bis Di (Sommer), Mi–So (Winter) 12.15–14 u. 19.15–22 Uhr | 18 quai des Docks | Tel. 04 93 89 59 61 | *www.lespecheurs.com* | Lazaret

stadt versteckte Lokal von Anne-Marie und André Alziari. *Di–Sa 12–14 u. 19.30–22 Uhr* | 4 rue François Zanin | Altstadt | Tel. 04 93 80 34 03

RESTO WINE NOTES [130 C5]

Ein tolles Duo: die Sommelière Marietta Themans und der Küchenchef

LA ZUCCA MAGICA ⭐ [131 D5]

Vegetarische Küche im Kürbismärchenreich! Der Eigentümer Marco

Resto Wine Notes: klassische Bistroküche in klarem Bistroambiente

Emmanuel Dutot, der aus dem Ritz in Paris nach Nizza gekommen ist. Ziegenkäse mit Honig, Entenbrust, Ananas mit Lavendel und Vanilleeis. Das Besondere: Auf der „Minikarte" an der Bar gibt es alle Gerichte als kleine Portion. *Di–So 17–0.30 Uhr* | 6 rue Ste Réparate | Altstadt | Tel. 04 93 53 09 79

Folicaldi singt nicht nur Opernarien, sondern bereitet auch frisches Gemüse und Teigwaren ausgezeichnet zu. Es gibt ein Menü mit großen Portionen – der Magen muss ordentlich knurren! *Di–Sa 12–14 u. 19–22.30 Uhr* | 4 bis quai Papacino | Tel. 04 93 56 25 27 | Le Port

■ RESTAURANTS € ■■■■

LA TABLE ALZIARI [131 D4]

Die Einführung in die *cuisine niçoise* schlechthin: das kleine, in der Alt-

LE BISTROT D'ANTOINE [130 C5]

Ausgezeichnete traditionelle französische Küche zu einem verlockenden

Preis-Leistungs-Verhältnis in authentischem Ambiente. *Mo–Sa 12–14 u. 19–22 Uhr | 27 rue de la Préfecture | Altstadt | Tel. 04 93 85 29 57*

BRASSERIE DE L'UNION [130 B2]

Etwas abseits vom Zentrum gelegen. In einem einfachen Gastraum mit schöner Terrasse echte *cuisine niçoise* unter Einheimischen: *pissaladière, raviolis niçois,* Stockfisch und und und. Sehr freundlicher Service.

Do–Mo 8–21, Di 8–15 Uhr | 1 rue Michelet | Tel. 04 93 84 65 27 | Valrose Université

LA CANTINE DE LULU [130 C4]

Alles andere als eine Kantine! Der Inbegriff von südländischer Gemütlichkeit. *Cuisine niçoise* mit erlesenen Zutaten. Als Dessert dürfen Sie sich die „Promenade des Anglais", einen weichen Schokokuchen mit Orangenstückchen und Vanillesauce,

> SPEZIALITÄTEN
Genießen Sie die typische Nizzaer Küche!

aioli – Hauptgericht mit Stockfisch, Eiern, Karotten, Kartoffeln und Artischocken, das mit Knoblauchmayonnaise als Dip serviert wird

estocaficada – Stockfischeintopf mit Zwiebeln, Tomaten, Knoblauch, Oliven, Paprika, Olivenöl und Kartoffeln

farcis – warme Tomaten, Zucchini, Auberginen, mit Hackfleisch gefüllt

fleurs de courgettes farcies – mit Hackfleisch, Wurstbrät oder Frischkäse (*brousse*) gefüllte Zucchiniblüten

merda de can – der Name des Gerichtes bedeutet „Hundekot" – doch es handelt sich um eine Spezialität: Kartoffelgnocchi mit Käse und Mangold

mesclun – eine Mischung verschiedener frischer, junger Blattsalate

pissaladière – Zwiebelkuchen mit Sardellenfilets und schwarzen Oliven

porquetta – mit Zwiebeln, Knoblauch und Kräutern gefülltes Spanferkel

poutine – die jungen Sardellen werden von Januar bis März gefangen. Die Nizzaer essen sie im Teigmantel, im Omelett oder pochiert mit einem Schuss Olivenöl und Zitronensaft

salade niçoise – Salat aus Paprika, Tomaten, Sellerie, Eiern, schwarzen Oliven, Zwiebeln, Artischocken und jungen dicken Bohnen (Foto). Das Ganze gibt es auch im Weißbrot als *pan-bagnat*

socca – ein öliger, safrangelber Kichererbsenfladen, der in einer Kupferpfanne gebacken wird. Man isst die Spezialität heiß und gepfeffert direkt aus der Hand

tapenade – schwarze Olivenpaste, mit Anchovis, Kapern und Olivenöl gemischt

tourte de blettes – süße Teigtasche, gefüllt mit Mangold, Rosinen und Pinienkernen

Le Bistrot d'Antoine: Auch wenn es nicht so aussieht – Sie sollten einen Tisch reservieren!

nicht entgehen lassen. *Mo–Fr 12–14 u. 19–21 Uhr | 26 rue Alberti | Tel. 04 93 62 15 33 | Alberti*

CHEZ DAVIA [130 B5]

Sympathisch rustikal! Rot-weiß karierte Tischdecken, Wände reich dekoriert, lokale und italienische Küche. Vorteil: Wenn sonntags alle ruhen, wird bei Chez Davia gekocht – und obendrein sehr gut! *Di 19–22, Mi–So 12–14 u. 19–22 Uhr | 11 bis rue Grimaldi | Tel. 04 93 87 91 39 | Alphonse Karr*

CRÊPERIE TAT-Ô-TITON [130 C4]

Tatôtitaine, Keucheuleuleu und Tétasse. Was das ist? Die originellsten Crêpes der Stadt! In einem Dekor aus Plüschaffen und Plastiklianen gibt es herzhafte und süße Crêpes mit kuriosen Namen. *Di–Sa 12–14.30 u. 19–22.30, So 19–22.30 Uhr | 9 rue Chauvain | Tel. 04 93 92 58 17 | Masséna*

LE HARICOT MAGIQUE [130 C4]

Trendy Stimmung in grün-gelb! Ideal für ein leichtes, günstiges Mittagessen: Das frische Salatbuffet mit knackigem Marktgemüse kostet 10 Euro. Für den größeren Appetit gibt es herzhafte *tartes.* Köstlich ist der „Marochino", ein Espresso mit geschmolzener Bitterschokolade und Milchschaum. *Mo–Sa 8–18 Uhr | 7 rue Alberti | Tel. 04 93 80 61 39 | Alberti*

AU PETIT GARI [131 D4]

Der Stil „Bistro", die Küche französisch – das ist das kleine Restaurant, in dem Marc am Herd und Eric im Service ihre Gäste verwöhnen. *Mo–Fr 12–14 u. 19–22 Uhr | 2 pl. Garibaldi | Tel. 04 93 26 89 09 | www.aupetitgari.com | Garibaldi*

VIN SUR VIN [130 C4]

Eine Weinflasche als Speisekarte: Auberginencarpaccio mit Schafskäse, Entenbrust, Käse und Oliven. Freundlicher Service und eine sonnige Terrasse. *Mo–Sa 12–14.30 u. 19–22.15 Uhr | Weinhandlung 10–22.30 Uhr | 18 bis rue Biscarra | Tel. 04 93 92 93 20 | Jean Médecin*

> VON ARMANI-DESIGN BIS ZITRONENKONFITÜRE

Nizzas Einkaufsstraßen sind für alle da:
für Kunst- und Modefreaks, Bummler und Gourmets

> Bunt und vielfältig ist das Einkaufsvergnügen in Nizza: Gourmets werden den Bummel über die Märkte und durch die Gassen lieben! Kleine Delikatessenläden sind an jeder Ecke zu finden. Feinste Olivenprodukte, Käse, Kräuter, Honig und Konfitüren aus den Früchten und Blüten der Region werden von ihren Herstellern mit Liebe und Leidenschaft verkauft.

Der italienische Einfluss auf die *cuisine niçoise* zeigt sich auch in der großen Anzahl italienischer Geschäfte: An den Wochenenden stehen die Einheimischen Schlange, um frische Pasta aller Art zu kaufen. Für Antikes und Kunst begeben Sie sich am besten auf direktem Weg in die Rue Catherine Ségurane und die Rue Droite. Und immer wieder montags verwandelt sich der Cours Saleya in einen Antik- und Trödelmarkt.

Von der Alt- in die Neustadt: Der Stolz der Stadt ist die neu entstandene Fußgängerzone, die Avenue

Bild: Rue de la Boucherie

EIN KAUFEN

Jean Médecin. Früher eine im Verkehrslärm erstickende Einkaufsstraße, darf hier heute nur noch die Straßenbahn verkehren. Hier finden sich Geschäfte aller Art – von Mode über Musik- und Buchhandlungen bis hin zur überaus beliebten Shoppingmall Nice Etoile. Auch die Rue Masséna ist mit ihren Geschäften und Cafés zum Bummeln bestens geeignet. Und da Nizza an der Côte d'Azur liegt, sind natürlich auch die Edelmarken der Modewelt vertreten: zu finden in den Straßen rund um die Rue Paradis.

■ BUCH & PAPIER

BD FUGUE CAFÉ [130 B4] Insider Tipp

Für alle Comicfans: 12 000 Hefte, seltene Comicartikel für Sammler und eine Café-Ecke mit Tee, Säften und Eis. Der Laden besitzt die gemütliche Atmosphäre eines „Café littéraire". *Tgl. 10–19 Uhr | 31 rue* d'Angleterre | *www.bdfugue-nice. com* | *Jean Médecin*

LIBRAIRIE LA SOURCE [131 D4]

Hier gibt es alle Art von Literatur über Nizza in einer außerordentlichen Unordnung, die nach altem Pa-

Alziari: Neben vielen Olivensorten gibt es hier auch beste Öle aus der feinen Frucht

pier riecht. Eine Fundgrube an Informationen. *Mo–Sa 9–18.30 Uhr | 5 rue Bonaparte | Garibaldi*

PAPETERIE RONTANI [130 C5]

Seit 150 Jahren ist die Papierwarenhandlung in Familienbesitz. Dementsprechend ist das Betreten des Ladens wie ein kleiner Zeitsprung. Spezialisiert hat sich das Geschäft auf Kartografie, Zeichen- und Papierbedarf und die traditionellen provenza-

lischen Krippenfiguren „Santons de Provence". *Di–Fr 8.30–19, Sa 8.30– 18 Uhr | 5 rue Alexandre Mari | Altstadt*

■ DEKO & LIFESTYLE ■

L'AIR DE RIEN [130 C5]

Alle Gegenstände sind nützlich. Aber sie sind auch bunt und lustig. Wenn Sie ein originelles Geschenk suchen, sind Sie hier richtig: von der Gießkanne in Pudelform bis zum Fahrradschloss mit Schlangenkopf. Witzig! *Tgl. 13–19 (Winter), Mo–Sa 14–24 Uhr (Sommer) | 22 rue Benoit Bunico | Altstadt | www.lairderien06.com*

GENEVIÈVE LETHU [130 C4]

Farbenfroh, von klassisch bis ausgefallen, sind die Ideen rund um die Tischkultur. Hier finden Sie auch schöne Küchenutensilien, die Sie bislang nie vermisst haben, nun aber unbedingt benötigen! *Mo–Sa 10–19.30 Uhr | Nice Etoile | 30 av. Jean Médecin | www.genevievelethu.fr | Jean Médecin*

INSPIRATIONS [130 C4]

Das ist wirklich ein Ort der Inspiration … Die Auswahl an zeitgenössischen Artikeln, Lampen, Geschirr und Kerzen ist chic und ausgefallen. *Di–Sa 10–12.30 u. 14.30–19, Mo 14.30–19 Uhr | 27 rue de l'Hôtel des Postes | Masséna*

NATURA DESIGN [130 B5]

Naturmaterialien wie Holz, Stein und Bambus, verarbeitet zu modernen, geschmackvollen Einrichtungsaccessoires, in einem kleinen Laden, nur ein paar Schritte von der Promenade entfernt. *Mo 14.30–19, Di–Sa 10–*

12.30 u. 14–19 Uhr | 4 rue du Congrès | Congrès

RÊVE D'ANGE [130 C5]

Feen, Elfen, Engel, Kobolde in allen Variationen: ein bezauberndes Königreich mit Zen-Stimmung für Romantiker und Verliebte. Schmuck, Poster, Tagebücher, Wandschmuck – alles, um Ihrem Zuhause die kitschige Rosanote zu verschaffen. *Di–Sa 11–19 Uhr | 7 rue Francis Gallo | Altstadt*

VERRE TIGE [130 C5]

Diese Boutique bietet in der Region die größte Auswahl an handwerklichen Glasprodukten. Geschenke und Schmuck aus Glas und Kristall? Hier werden Sie fündig. Zudem stellt die Glaserei Produkte nach vorgegebenen Maßen und Farben her. *Di–Sa 9–19 Uhr | 1 rue Alexandre Mari | Altstadt*

▦ DELIKATESSEN ▦

ALZIARI ⭐ [130 C5]

Mitten in der Altstadt liegt seit 1936 das Olivenparadies der Familie Alziari. Das Öl in der blau-gelb gemusterten Dose stammt aus der einzigen heute noch aktiven Ölmühle Nizzas, zu besichtigen auf den Hügeln von Nizza. Oliven, Olivenöle, Tapenaden, aber z. B. auch Seife mit Oli-

venöl und noch vieles mehr! *Di–Sa 8.30–12.30 u. 14.15–19 Uhr | 14 rue Saint-François de Paule | Altstadt | www.alziari.com.fr*

L'ART GOURMAND ⭐ [130 C5]

Süße Verlockung! Schokolade, hausgemachte Kekse, provenzalische Spezialitäten. Der Laden ist ein Schmuckstück, und die Süßigkeiten sind köstlich! *Tgl. 10–19 Uhr | 21 rue du Marché | Altstadt*

CAVES CAPRIOGLIO [130 C5]

Ein Paradies für Weinliebhaber und eine Institution seit 1910. Weinregale bis unter die Decken. *Di–Sa 8–13 u. 15–19.30, So 8–13 Uhr | 16 rue de la Préfecture | Altstadt | www.cavesca prioglio.com*

L'EPICURIEN [131 D4]

Ein Mekka der Weine und Delikatessen! Der Keller verfügt über 5000 Flaschen aus 30 verschiedenen Ländern. Die nationalen Weine kommen aus zwölf französischen Weinbaugebieten. Besonders geschmackvoll ist auch die Auswahl an Schokolade, *foie gras,* Kaffee, Tee, Essig, Öl, Senf … Donnerstags ab 17 Uhr gibt's eine ==kostenlose Degustation== von allem. *Mo–Sa 9–12 u. 14–19 Uhr (Do bis 22 Uhr) | 30 rue Barla | www. l-epicurien.fr | Barla o. Acropolis* **Insider Tipp**

MARCO POLO HIGHLIGHTS

⭐ **Alziari**
Oliven, Olivenöl, Tapenade? Besuchen Sie Nizzas älteste Ölmühle (Seite 59)

⭐ **L'Art Gourmand**
Eldorado für Süßigkeitsfans (Seite 59)

⭐ **Blumenmarkt**
Blumen, Blumen, Blumen (Seite 63)

⭐ **Galerie Ferrero**
Die älteste Galerie für zeitgenössische Kunst in Nizza (Seite 61)

KAUFHÄUSER

MAISON AUER [130 C5]

Seit fünf Generationen *der* Name, wenn es um Süßwaren à la niçoise geht. Kandierte Früchte, Schokolade, Kuchen und Konfitüren: Alles, was süß ist, wird in dem an sich schon sehenswerten Laden im Florentiner Stil verkauft. *Di–Sa 9–13.30 u. 14.30–18 Uhr | 7 rue Saint-François de Paule | Altstadt | www.maison-auer.com*

À L'OLIVIER [130 C5]

Hier finden Sie alles rund um die Olive – von Olivenseife und -creme über Olivenschälchen bis hin zu ausgefallenen Olivenölsorten – inklusive Degustation. *Tgl. 10–13 u. 14–19 Uhr | 7 rue Saint-François de Paule | Altstadt | www.olivier-online.com*

Insider Tipp

PATISSERIE SERAIN CAPPA [131 D4]

Die Pralinen und Kuchen des preisgekrönten Serge Cappa sind hausgemacht. Wenn Sie seine Frau Valérie ganz freundlich fragen, dürfen Sie auch ein Auge auf die Herstellung in der Werkstatt oberhalb des Ladens werfen. Im *Salon de Thé* nebenan können Sie die Leckereien, wie z. B. die ausgezeichneten „Marquis", kosten. *Di–Sa 8–19.30, So 7.30–18 Uhr | 7 pl. Garibaldi | Garibaldi*

KAUFHÄUSER

CENTRE COMMERCIAL NICE TNL [131 D3]

65 Geschäfte und Restaurants unter einem Dach erwarten Sie zum Shoppen mitten im Zentrum Nizzas, wenige Schritte vom Kongresszentrum Acropolis entfernt. *Mo–Sa 8.30–22 Uhr | 15 bd. Delfino | Palais des Expositions*

GALERIES LAFAYETTE [130 C5]

Das legendäre Kaufhaus, das 1893 in Paris eröffnet wurde, hat im Herzen Nizzas an der Place Masséna seine Dependance. Hier findet sich alles, was das Shopperherz so begehrt. *Mo–Sa 9–20 Uhr | 6 av. Jean Médecin | www.galerieslafayette.com | Masséna*

NICE ETOILE [130 C4]

Einkaufszentrum mit Geschäften rund um Mode, Einrichtung, Freizeit. Dazu Bistros für einen Mittagssnack. *Mo–Sa 10–19.30 Uhr | 30 av. Jean Médecin | www.nicetoile.com | Jean Médecin*

KUNST

ATELIER GALERIE SYLVIE T [131 D5]

Wollen Sie ein originelles Souvenir aus Nizza? Die Galerie gegenüber vom Palais Lascaris hat für jedes Portemonnaie etwas zu bieten: Die Künstlerin verkauft ihre Werke in chinesischer Tinte oder Aquarellfarben als Original; es gibt aber auch sehr hübsche Repros auf Postkarten oder Lesezeichen. *Di–Sa 10.30–18 Uhr | 14 rue Droite | Altstadt | www.sylvie-t.com*

Insider Tipp

GALERIE D'ART MODERNE ET CONTEMPORAIN SANDRINE MONS [130 B5]

Ein Treffpunkt für Liebhaber und Sammler moderner und zeitgenössischer Kunst. Die wechselnden Ausstellungen widmet Sandrine Mons etablierten französischen und internationalen Künstlern, aber auch junge zeitgenössische Künstler stellen bei ihr aus. *Di–Sa 14.30–19 Uhr | 8 rue Dalpozzo | www.galeriemons.fr | Grimaldi o. Congrès/Joffre*

GALERIE FERRERO ⭐ [130 B5]

Guillaume Aral kennt sich aus. In seiner Galerie präsentiert er neben den Stilrichtungen der Nizzaer Schule und des Neuen Realismus – Arman, Ben, César, Christo, Mas, Moya – auch junge Künstler, die wirklich etwas draufhaben. Die Galerie Ferrero: ein kleines MAMAC

teressanten Preisen. *Di–Sa 10–19 Uhr (Mo ab mittags geöffnet) | 10 av. Félix Faure | www.fashion4you.fr | Masséna*

COP COPINE [130 C5]

Cop Copine ist seit 1984 das erfolgreiche französische Modelabel für alle, die für Haute Couture etwas

Custo: Tangas und T-Shirts, Hänger und Hemden, Blusen und Blousons aus Barcelona

ohne Eintritt – nicht verpassen! *Di–Sa 10–12.30 u. 14.30–19 Uhr | 2 rue du Congrès | www.galerieferrero.com | Congrès*

MODE

BE JEANS [130 C5]

In diesem Tempel der Jeans und T-Shirts finden Sie bekannte Marken sowie Le Temps des Cerises, Take 2, Japan Rags oder Chilli Pepper zu in-

weniger ausgeben wollen. Der unverwechselbare Stil – chic und städtisch – verführt mit hochwertigen Stoffen und vielen Kombinationsmöglichkeiten. *Mo–Sa 10–19 Uhr | 1 rue de la Préfecture | Altstadt | www.cop-copine.com*

CUSTO [130 C5]

Mode aus Südeuropa – bunt, extravagant, einfach ein Hingucker! Genau richtig für ein Shoppingerlebnis in Sommer-Sonne-Urlaubslaune. *Mo–Sa 11–19 Uhr | 23 rue de la Préfecture | Altstadt |* www.custo-barcelona.com

OEN [130 C4]

Ein kleines, gut sortiertes Geschäft für Kinder von 0 bis 16 Jahren. Bekannte und weniger bekannte Marken liegen dicht beieinander, sodass alle Preisklassen vertreten sind. Außerdem gibt es hier neben Kleidungsstücken auch Schuhe, Accessoires, Geschenke, Schmuck und sogar Bücher und CDs. *Di–Sa 10–13 u. 14.15–19 Uhr (Mo ab mittags geöffnet) | 10 rue Alberti | Masséna*

PATASEL [130 B5]

Exklusive französische Kindermode. Schön, schlicht, ausgefallen. *Mo–Sa 10–13 u. 14–19 Uhr | 5 rue Alphonse Karr | Alphonse Karr o. Masséna*

SHANE'S [130 C4]

Hier kommen die Männer zum Zug. Hosen, Shorts und ausgefallene T-Shirts, gestaltet von Grafiktee aus Montpellier und dem spanischen Modelabel Loreak Mendian. Shirts, die auf der Promenade bestimmt kein zweites Mal spazieren getragen werden. *Mo–Sa 10–19 Uhr | 51 rue Pastorelli | Jean Médecin*

L'UNE ET L'AUTRE [130 B5]

Moderne Boutique, die exklusiv für Nizza Designerklamotten von Bash, Plain Sud, Iro, Sylvia Rielle anbietet. Fehlt noch ein Accessoire? Dann gibt es Schmuck von verschiedenen Designern. *Mo–Sa 9–19 Uhr | 3 rue Alphonse Karr |* www.luneetlautre.com *| Alphonse Karr o. Masséna*

▶ PARFUM

MOLINARD [130 C5]

Nicht weit von Nizza, in Grasse, liegt das südfranzösische Mekka der guten Düfte. Seit 1849 werden dort bei Molinard, heute noch ein Familienbetrieb, Parfums kreiert, darunter das renommierte „Habanita". In der Nizzaer Dependance können Sie sich mit Düften und Körperpflegeprodukten eindecken. *April–Okt. tgl. 9–19 Uhr, Nov.–März Mo–Sa 9.30–13 u. 14–18 Uhr | 20 rue Saint-François de Paule | Altstadt |* www.molinard.com

■ SCHMUCK & ACCESSOIRES ■

LES NÉRÉIDES [130 B5]

Von klassisch bis modern, Silberschmuck, blumige, poetische Themen: Fürs kleine wie fürs größere Budget kreiert Les Néréides jede Saison von Neuem fantasievollen Schmuck. Heute mit dem Stammhaus in Paris und über die Welt verteilt, gründeten Pascale und Enzo Amaddeo die Marke 1980 in Nizza und eröffneten ihren ersten Laden in

▶ LOW BUDGET

▶ Auf dem berühmten *Blumenmarkt* am *Cours Saleya* [130 C5] kauft man nicht nur Blumen – und kurz vor Marktschluss am günstigsten ein. Die beste Zeit, um sich für ein Strandpicknick auszurüsten!

▶ Soldes!! In Frankreich findet im Januar und im Juli noch ein richtiger Schlussverkauf statt. Und das jeweils fünf Wochen lang. Mit Reduzierungen von bis zu 70 Prozent.

der Rue Paradis – passend zu ihren Kreationen. *Mo–Sa 10–19 Uhr | 12 rue Paradis | www.lesnereides.com | Masséna*

Insider Tipp

PÔLE SUD [130 B5]

Schmuck aus dem Süden mit Kreationen von Gas Bijoux aus Saint-Tropez und Reminiscence gibt es bei Pôle Sud. Ob in sanften Pastelltönen, üppig mit Perlen und Gold, in sommerfrischem Türkis oder aber in schlichtem Silber für den alltäglichen Gebrauch – hier gibt es Schmuck für alle Geschmäcker, jedes Budget und jedes Alter. *Mo–Sa 10–19 Uhr | 22 rue de la Liberté | Masséna*

WOCHENMÄRKTE

COURS SALEYA [130 C5]

Auf dem Cours Saleya finden die ganze Woche über verschiedene Märkte statt: Der berühmte ★ *Blumenmarkt* von Nizza ist ein Fest der Farben. Von einem der umliegenden Cafés aus lässt sich das bunte Treiben in aller Ruhe beobachten *(Di/Do/Fr 6–17.30 Uhr; Mi/Sa 6–18.30 Uhr; So und Feiertage 6–13.30 Uhr).* Der Blumenmarkt geht in den *Obst- und Gemüsemarkt* über, auf dem sich frische Produkte ebenso wie provenzalische Spezialitäten finden *(Di–So 6–13.30 Uhr).* Einmal in der Woche treffen sich die Händler, um ihre Stücke auf dem *Trödelmarkt* feilzubieten *(Mo 8–17.30 Uhr außer vor einem Feiertag).* Kunstbegeisterte können in den Sommermonaten unter freiem Himmel auf dem *Kunstmarkt* an den Ständen mit Kunstwerken verschiedenster Art vorbeischlendern *(Juni–Sept. Di–So 18–0.30 Uhr).*

PLACE DU PALAIS [130 C5]

Nur wenige Schritte vom geschäftigen Treiben am Cours Saleya liegt die Place du Palais mit ihren Märkten: Liebhaber alter Bücher kommen beim *Büchermarkt* auf ihre Kosten *(1. und 3. Sa im Monat 8–18 Uhr).*

Cours Saleya: Nachdrucke alter Werbeplakate sind ein dekoratives Souvenir

Der *Kunstmarkt* findet am *2. Sa im Monat 8–18 Uhr* statt. Schmuckstücke findet man unter den alten Postkarten beim *Postkartenmarkt (4. Sa im Monat 8–18 Uhr).*

PLACE SAINT-FRANÇOIS [131 D5]

Auf dem kleinen Platz in der Altstadt findet der morgendliche *Fischmarkt* statt. *Di–So 6–13 Uhr*

> WENN DIE SONNE UNTERGEHT

Nizzas Nachtleben: Champagner und Cocktails,
Jazz und Unterhaltung

> Wenn die Liegen aufgestapelt werden, die Geschäfte ihre Türen schließen und die Bars und Restaurants öffnen, beginnt das Nachtleben von Nizza. Bars, Clubs, Jazzkneipen – Nizza, Côte-d'Azur-Metropole und Studentenstadt, hat von alternativ bis vornehm alles im Programm.

Und natürlich kommt auch die Kultur nicht zu kurz. Die Oper lockt mit Prunk, Samt und hochkarätigen Vorstellungen; aber auch kleine, versteckte Kellertheater sorgen mit Kleinkunst und Chansons für einen gelungenen Abend. Und danach schläft die Stadt noch lange nicht – ein Snack unter freiem Himmel, ein Cocktail in einer Bar oder ab in einen Club, wo es jetzt erst richtig losgeht.

Mitte Mai beginnt die Sommersaison: Ab jetzt spielt sich wie in den meisten südlichen Ländern das Leben fast ausschließlich draußen ab, auch nachts. Hunderte von Open-Air-Konzerten und -Theaterstücken sowie

Bild: Bliss Bar

AM ABEND

Feuerwerke der Superlative stehen auf dem Eventkalender.

■ BARS ■

BEFORE [130 B5]

Apéro-Bar – ideal, um bei Aperitif und Tapas den Abend zu starten! Der Treffpunkt der modebewussten Nizzaer Jugend vor der Disco. Very stylish. *Tgl. 18–0.30 Uhr | 18 rue du Congrès | www.before-nice.com | Congrès*

BLISS BAR ★ ▶▶ [130 C5]

Hier trifft sich das junge Szenepublikum Nizzas. Wechselnde DJs legen auf, schicke, moderne Lounge-Einrichtung, immer voll und gute Stimmung. *Di–Sa 18–0.30 Uhr | 12 rue de l'Abbaye | Altstadt*

LA BODEGUITA DE HAVANA [130 B4]

Kuba-Feeling an der Côte d'Azur! Salsa, Groove und Reggae – volle Tanzfläche, Restaurant (€– €€) und

BARS

Bar auf zwei Etagen. Und das alles in einem Gebäude aus Stahl von Gustave Eiffel. Dienstags und mittwochs Salsa-Unterricht. *Di–So 19–2.30 Uhr | 14 rue Chauvin | Tel. 04 93 92 67 24 | Masséna*

tailbars Nizzas. Trotz des Namens (lat. „Nutze den Tag") – je später der Abend, desto besser die Stimmung. *Mi–So 18.30–2.30 Uhr | 14 rue Benoit Bunico | Altstadt | www.lekarpe diem.com*

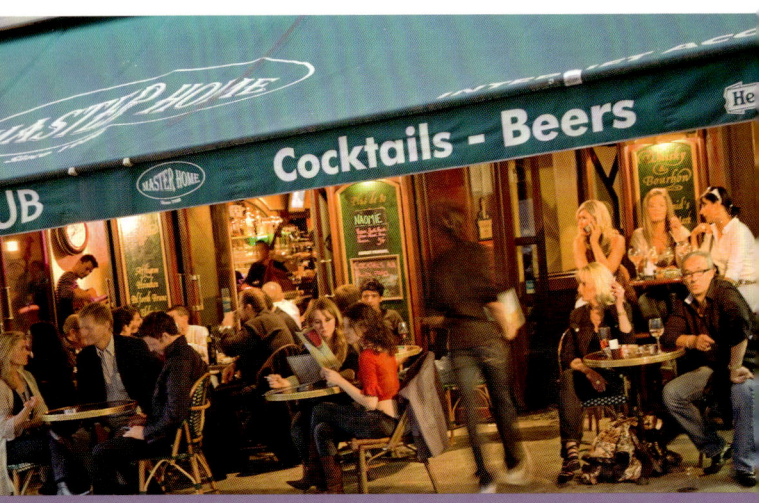

Das ist das Schöne an Südfrankreich: Man kann bis in die Nacht in den Bars draußen sitzen

Insider Tipp L'EFFERVESCENCE [131 D5]

Nach Stationen in Cannes und New York verwirklichte Julien Bosio seinen Traum in Nizzas Altstadt: die Loungebar L'Effervescence („das Sprudeln"). Ein Glas Champagner im Gewölbekeller zusammen mit feinen Häppchen, *foie gras* oder, ganz nach französischer Art, Käse. *Di–Sa ab 18 Uhr | 10 rue de la loge | Altstadt | Tel. 04 93 80 87 37 | www.leffervescence-nice.com*

LE KARPEDIE'M [130 C5]

Das muss sein; ein Stopp im Karpedie'M, einer der angesagtesten Cock-

LES MARCHES [130 C5]

Trendy Loungebar im Herzen der Altstadt – unten Restaurant (€), oben Bar. Oft Kunstausstellungen. Originell und stimmungsvoll. *Restaurant tgl. 11–15 u. 19–23 Uhr, Bar 17–0.30 Uhr | 1 descente du marché | Altstadt | Tel. 04 93 16 21 53 | www.cafedes marches.com*

SHADOW BAR [130 C5] Insider Tipp

Retrostil in Weinrot, Partystimmung am Wochenende. Nicht von der geschlossenen Tür mit Klingelknopf abschrecken lassen! *Mi–So 22–2.30 Uhr | 12 rue Benoit Bunico | Altstadt*

AM ABEND

SMARTIES [131 D4]

Etablierte Loungebar im 70er-Jahre-Stil mit wechselndem Musikprogramm. Eine beliebte Adresse bei Einheimischen. *Do–Mo 19–2.30 Uhr | 10 rue Défly | www.nice-smarties.com | Garibaldi*

BOWLING

BOWLING DE NICE [131 D3]

Auf 3000 m^2 Spaß im Herzen Nizzas: 24 Bowlingbahnen und 9 Billardtische, ein Restaurant (tgl. ab 12 Uhr | €) mit überdachter Terrasse und einem Pub. *Mo–Fr 13–2.30, Sa/So 10–2.30 Uhr | 5 esplanade Kennedy | Tel. 04 93 55 33 11 | www.bowlingnice.com | Acropolis*

CLUBS

HIGH CLUB.
STUDIO 47 ▶▶ 📶 [130 A–B5]

Mehr als ein Club! *Le High Club* – stylish, jung; jeden Freitag sorgen angesagte nationale und internationale DJs für lange Schlangen am Eingang (Programm siehe Homepage). *Le Studio 47* – schicker, feiner, für alle ab 30. Für den Nachthunger stehen Sandwichs, Sushi und Panini bereit, ab 3 Uhr Kaffee, Tee und Croissants. Und als Andenken an eine gelungene Partynacht gibt's in der Clubboutique T-Shirts und Hemden. *Fr/Sa 23–5 Uhr | 45 promenade des Anglais | www.highclub.fr | Gambetta/Promenade*

LE KLUB ▶▶ [130 B5]

Im bekanntesten Gay-Club der Côte d'Azur sind alle willkommen. Party pur! Unterhaltung gibt es nicht nur am Wochenende. Mit Mottopartys und Kabarett wird Stimmung gemacht. *Mi–So 24–5 Uhr | 6 rue Halévy | www.leklub.net | Albert 1er*

LE LIQWID [130 C5]

Die besten Cocktails der Stadt! Oben die Lounge-Bar *Urban Club* mit einem explosiven DJ, für den House und R'n'B keine Geheimnisse haben. Unten ein Restaurant (€€), wo Asien und Frankreich auf den Tellern fusionieren. Flashy Farben und Bombenstimmung! *Mo–Sa 18–2.30 Uhr | 11 rue Alexandre Mari | Altstadt | Tel. 04 93 76 14 28*

PINK ROOM [130 C5]

House, Lounge in rosarotem Ambiente? Dann auf in den Pink Room,

MARCO POLO HIGHLIGHTS

⭐ **Le Bar des Oiseaux**
Nizzas Jazz-, Restaurant- und Chansonbar par excellence! (Seite 68)

⭐ **Bliss Bar**
Angesagter Altstadt-Treffpunkt (Seite 65)

⭐ **Les Distilleries Idéales**
Alteingesessene Kneipe – ursprünglich und gut (Seite 70)

⭐ **Ma Nolan's**
Irish Pubs und Sportsbars gibt es in Nizza viele – diese hier ist die beste (Seite 70)

⭐ **La Trappa**
„Tapas im Trappa" genießen, dazu eine Riesenauswahl an Cocktails – das Ganze in geschmackvollem Interieur hinter alten Mauern (Seite 70)

JAZZ

einen der glamourösesten Clubs der Stadt. *Do–Sa 24–5 Uhr | 8 passage Emile Négrin | www.myspace.com/lepinkroom | Masséna*

LE VOLUME [131 D4]
Pop, Rock, Punk und Chanson – da sollte für jeden etwas dabei sein. Das Programm an Livemusik ist groß, und die Natursteinwände der angeschlossenen Bar sind Ausstellungsort für lokale Künstler und Fotografen. *Mi/Do 20–0.30, Fr/Sa 20–1.30 Uhr | Eintritt 2 Euro | 6 rue Défly | Tel. 04 93 26 75 20 | www.myspace.com/levolume | Garibaldi*

◼ JAZZ
LE BAR DES OISEAUX ⭐ [130 C5]
Eine Nizzaer Institution, wenn es um Jazz und Chansons geht. Die Schauspielerin Noëlle Perna hat die Restaurantbar im provenzalischen Stil und das Theater nebenan gegründet. Kulinarische Spezialitäten bei Livemusik an allen Freitag- und Samstagabenden. Lokales Publikum, authentische Stimmung. *Mo–Fr 12–14, Do–Sa 19.30–23 Uhr | 5 rue Saint-Vincent | Altstadt | Tel. 04 93 80 27 33 | www.bardesoiseaux.com | €–€€*

CAVE ROMAGNAN [130 B4]
Eine der ältesten Weinkneipen Nizzas, wechselnde Ausstellungen lokaler Künstler – und das Beste: jeden Samstagabend Jazz live! *Mo–Sa 7.30–14 u. 16–21 Uhr (Sa bis 22 Uhr) | 22 rue d'Angleterre | www.caveromagnan.free.fr | Jean Médecin*

SHAPKO BAR ▶▶ [130 C5] *Insider Tipp*
Hier treffen sich Jazzliebhaber zu einem schönen Abend bei Kerzenlicht und in Bistro-Atmosphäre. Um 20.30 Uhr wird losgeswingt, und die Stimmung in der Jazzkneipe steigt. Hinter allem steht Dimitri Shapko, Saxofonist und Jazzer aus Leidenschaft. *Di–Sa 19–0.30 Uhr | 5 rue Rossetti | Altstadt | www.shapko.com*

LE TOUCAN ☘ [130 B5]
Panoramablick über Nizza, am Wochenende Jazz, Soul oder Blues mit bekannten Musikern. Sehr feine mediterrane Küche, aber auch Tapas und leckere Drinks. Im 6. Stock des

▶ FUSSBALLFIEBER
Die Kicker von Nizza

Die Fußballer Nizzas halten ihre Fahne in Frankreich ganz weit hoch: Im *Stade du Ray* spielt der OGC Nice in der ersten Liga. Ticketverkauf entweder am Schalter im Stadion *(35 av. du Ray | am Vortag 10–18 Uhr, am Spieltag ab 10 Uhr | billetterie@ogcnice.com | www.ogcnice.com)* oder bei *FNAC* im Einkaufszentrum Nice Etoile *(30 av. Jean Médecin | Mo–Sa 10–19.30 Uhr)*. Stimmung wie bei einem Lokalderby herrscht, wenn der OGC Nice gegen den – erfolgreicheren – Nachbarn AS Monaco antritt. Die Monegassen kicken im *Stade Louis II.* Vorverkauf u. a. am Stadion *(Mo–Fr 9.30–18.30 Uhr | 3 av. des Castelans | www.asm-fc.com)*, im *FNAC (Mo–Sa 10–19.30 Uhr | Centre Commercial Le Métropole)* oder im *Virgin Mégastore (Nizza | 15 av. Jean Médecin)*.

Hotels Goldstar Resort & Suites. *Tgl. 12–14 u. 19–22 Uhr | 45 rue du Maréchal Joffre | Tel. 04 93 16 92 77 | www.hotel-goldstar-nice.com | Rivoli/Joffre | €€€*

Spielsälen gibt es im *Cabaret du Ruhl (Juli/Aug. geschl.)* ein Programm rund um Kabarett, Konzerte und Variété. Das *L'American Café (tgl. 10–4 Uhr)* mit Popart-Deko und

Am Saxofon: Dimitri Shapko, Besitzer der gleichnamigen Bar und begeisterter Jazzer

KASINO & SHOW

CASINO

PALAIS DE LA MÉDITERRANÉE [130 B5]

Neben dem Spitzenrestaurant *Le Padouk (€€€)* verfügt der Palais de la Méditerranée über ein Kasino mit Spielautomaten und traditionellen Spielen sowie einem Theatersaal für Variété. *13–15 promenade des Anglais | Tel. 04 92 14 68 00 | www.palais.concorde-hotels.com | Gustave V*

LE RUHL – CASINO BARRIÈRE [130 B5]

Im berühmten Kasino von Nizza stehen nicht nur Spieltische. Neben den

das französisch-italienische Restaurant *Dolce Vita (tgl. 12–15 u. 20–24 Uhr | €€)* übernehmen den kulinarischen Teil. *Spielautomaten So–Do 10–4 Uhr | Spieltische Mo–Do 20–4, Fr/Sa 17–5, So 17–4 Uhr | 1 promenade des Anglais | Tel. 04 97 03 12 22 | www.lucienbarriere. com | Albert 1er*

KINO

CINÉMA MERCURY [131 D4]

Auch im Urlaub Lust auf Kino? 50 Filme pro Woche in Originalversion zeigt das Cinéma Mercury in den Arkaden der Place Garibaldi. Für jeden Geschmack etwas. *16 pl. Garibaldi | Tel. 04 93 55 37 81| Garibaldi*

■ KNEIPEN

LES DISTILLERIES IDÉALES ⭐ 🔊 [130 C5]

Rustikale Kneipenstimmung in einer alten Destillerie. Schon am Nachmittag treffen sich hier die Einheimischen auf einen Aperitif – im urigen Inneren oder an einem der Tische an der belebten Altstadtgasse. *Tgl. 9–24 Uhr | 24 rue de la Préfecture | Altstadt*

JUKE HOUSE CAFÉ 🔊 [131 D4]

Ob zu einem Aperitif mit Tapas oder später am Abend bei Musik aus der Jukebox oder live – im Juke House Café ist die Stimmung immer gut.

>LOW BUDGET

> Lust auf die alten Rocksongs von The Doors, Jethro Tull und Led Zeppelin? Die gibt's im *Bulldog Pub* jeden Abend von Livebands gespielt und umsonst – dazu eine große Auswahl an Bier. *16 rue de l'Abbaye* [130 C5] *| Altstadt*

> Spielplatz für Newcomer-Bands ist das *Tapas La Movida:* alternative, sehr einfache Studentenkneipe mit fast täglich wechselnden Livebands. Ska, Punk, Metal, Chansons, Rock, Reggae, Jazz – hier gibt's von allem etwas. *2 rue l'Abbaye* [130 C5] *| Altstadt | Eintritt 0–2 Euro*

> In den meisten Bars gibt es eine Happy Hour – oft zwischen 19 und 21 Uhr: 50 Prozent und mehr auf die Getränkepreise.

Mo–Sa 16–24 Uhr | 8 rue Défly | Garibaldi | €

MA NOLAN'S ⭐ [130 C5]

A place to be – Irish Pub mit französischem und internationalem Publikum, großer Terrasse, lockerer Atmosphäre und Livemusik. *Mo–Fr 12–2, Sa/So 11–2 Uhr | 2 rue Saint-François de Paule | Altstadt | www.ma-no lans.com*

LA TRAPPA ⭐ [130 C5]

„La Trappa" heißt die Kneipe in dem Altstadthaus schon seit 1886. Französische Tapas (z. B. *degustation aux trois foies gras; croustillant de caviar d'aubergine*), über 50 Cocktails und Live-DJ – das alles in stilvollem Ambiente mit Kunst an den Wänden und einem Publikum ab 30 aufwärts. Keine Party, sondern Plaudern in schöner Atmosphäre bei guter Musik. *Mo–Sa 18.30–2.30 Uhr | Ecke Rue de la Préfecture/Rue Jules Gilly | Altstadt | www.latrappa.com | €€*

WAYNE'S [130 C5]

Hier ist immer was los – vom ersten Bier, Burgern und Chicken Wings, um den Abend zu starten, bis hin zu ausgelassenen Partys. Internationales, junges Publikum. *Tgl. 12–2 Uhr | 15 rue de la Préfecture | Altstadt | www.waynes.fr | €*

■ OPER & THEATER

OPÉRA DE NICE [130 C5]

Opern, Ballettaufführungen, musikalische Matinées – ein hochkarätiges Angebot in Nizzas Opernhaus mitten in den verwinkelten Altstadtgassen. *4–6 rue Saint-François de Paule | Altstadt | Kartenvorverkauf: Mo–Do,*

Sa 9–17.45 Uhr, Fr 9–19.45 Uhr | Tel. 04 92 17 40 79 | www.opera-nice.org

THÉÂTRE DE LA CITÉ   [130 B4]

Das Theater mit 180 Plätzen bietet klassische und zeitgenössische Stücke, Comedy, Tanz und Musik. *3 rue Paganini | Eintritt 15 Euro | Tel.*

FNAC (Nice Etoile) | www.theatredelimpasse.com

THÉÂTRE NATIONAL DE NICE   [131 D4]

Ein Achteck aus weißem Marmor. Neben eigenen Theaterproduktionen hat das Nationaltheater auch Aufführungen zeitgenössischen Tanzes und Konzerte im Programm. *Promenade*

La Trappa: Der Champagner ist schon kalt gestellt, der Abend kann beginnen

04 93 16 82 69 | Kartenvorverkauf: FNAC (Nice Etoile) | www.theatredelacite.fr | Jean Médecin

Insider Tipp
THÉÂTRE DE L'IMPASSE   [131 D4]

Kleinkunst, die Spaß macht! Kleines, uriges Kellertheater mit einem bunten Programm: Chansons, Comedy, Musik, Tanz- und Theateraufführungen. *Rue de la Tour | Altstadt | Tel. 04 93 92 66 25 | Kartenvorverkauf:*

des Arts | Kartenvorverkauf: Mo–Sa 14–19 Uhr | Tel. 04 93 13 90 90 | www.theatredenice.org | Garibaldi

THÉÂTRE DE LA SEMEUSE   [131 D5]

Tanz, Theater und Musik in diesem kleinen Altstadttheater. *2 montée Auguste Kerl | Eintritt 15 Euro | Tel. 04 93 92 85 08 | Kartenvorverkauf: Mo–Fr 9–12 u. 14–18.30 Uhr oder bei FNAC im Nice Etoile*

> BONNE NUIT!

Ob im Luxus an der Promenade oder in den Gassen der Altstadt,
ob modern oder provenzalisch-traditionell

> Nizzas Einnahmequelle Nummer eins ist der Tourismus. So ist es nicht verwunderlich, dass die Metropole der Côte d'Azur mit Betten reich ausgestattet ist: 200 Hotels aller Kategorien, Ferienwohnungen und Gästezimmer warten auf die 4 Mio. Touristen, die die Stadt jährlich besuchen. Die Auswahl reicht von der Jugendherberge bis zu den Luxushotels entlang der Promenade des Anglais. Hier finden sich die großen Namen wie das Hotel Négresco oder das Hotel Palais de la Méditerranée, die nicht nur Hotels, sondern zugleich architektonische Meisterwerke sind. Um sich gut zu betten, gibt es jedoch eine Menge Alternativen. Oft sind es die kleinen Hotels und Gästezimmer, die sogenannten *chambres d'hôtes,* die einen mit Herzlichkeit und Liebe zum Detail empfangen.

Ein Verzeichnis aller Hotels kann unter *www.nicetourism.com* heruntergeladen werden. Reservierungen

Bild: Hôtel Palais de la Méditerranée

ÜBER NACHTEN

sind online über *www.niceres.com* möglich. Generell gilt, dass im Juli und August, zu Messe- und Festivalzeiten, während des Karnevals und des Grand Prix von Monaco die Hotelpreise ordentlich nach oben schnellen.

gepflegten Stil der 50er-Jahre eingerichtet, warme Farben und besondere Details. Bei Internetbuchung gibt es spezielle Tarife! *119 Zi. | 25 bd. Dubouchage | Tel. 04 92 47 79 79 | Fax 04 92 47 79 80 | www.ellington-nice. com | Jean Médecin*

■ HOTELS € € €

HÔTEL ELLINGTON 🔊 [130 C4]

Ein relativ neues Haus in der Nizzaer Hotellandschaft. 2006 eröffnet, im

ELYSÉE PALACE 🔊 ❄ [130 A5]

Die Räume des zeitgenössischen Hotels in unmittelbarer Nähe zur Promenade des Anglais wurden geschmackvoll neu eingerichtet. Riesige Panoramaterrasse mit Schwimmbad auf dem Dach, Zen-Garten und Wintergarten. Sehr freundlicher Empfang und aufmerksamer Service. *143 Zi. u. Suiten | 59 promenade des Anglais | Tel. 04 93 97 90 90 | Fax 04 93 44 50 40 | www.elyseepalace.com | Grosso CUM-Promenade*

HI HÔTEL ⭐ 📶 [130 A5]

Von außen nicht sehr einladend, aber innen! Die Design-Avantgardistin Matali Crasset hat das „Total Design" erfunden: eine Rednerpult-Rezeption, eine Lobby im Cyberspace-Look, eine bonbonfarbene „Happy Bar". Die Zimmer sind „Orte zeitgenössischer Experimente". ❇ Panorama-

Hi Hôtel: Zimmer in klarem, funktionalem Design und kräftiger, harmonischer Farbgebung

LE GRIMALDI 📶 [130 B5]

Eine Belle-Epoque-Fassade par excellence, das Hotel dahinter im feinen mediterranen Stil eingerichtet – Holz, blaue, rote und ockerfarbene Töne dominieren. Ein wunderbar gemütliches Haus zum Wohlfühlen! *46 Zi. u. Suiten | 15 rue Grimaldi | Tel. 04 93 16 00 24 | Fax 04 93 87 00 24 | www.le-grimaldi.com | Alphonse Karr*

terrasse mit Pool, Jacuzzi und Wasserliegen. Wenige Schritte zur Promenade und zum Strand. Hoteleigene Fahrräder. Unterhaltsam, chic, anders! *38 Zi. | 3 av. des fleurs | Tel. 04 97 07 26 26 | www.hi-hotel.net | Gambetta/Bottéro o. Alsace-Lorraine*

LE PETIT PALAIS 📶 [130 C3] *Insider Tipp*

Im Stadtteil Carabacel war dieses Hotel einst die Residenz des französischen Theaterautors Sacha Guitry. Mit der Auszeichnung „Relais du Silence" für ruhige Hotels, seinem freundlichen Service, der gepflegten Einrichtung und einer Terrasse voller Blumen ist es eine der schönsten Adressen Nizzas. *25 Zi. | 17 av. Emile Bieckert | Tel. 04 93 62 19 11 | Fax 04 93 62 53 60 | www.petitpalais nice.com | Chagall*

VILLA VICTORIA 🔊 [130 B4]

Ruhe und Charme im Herzen von Nizza mit renovierten Zimmern im Nizzaer Stil und duftendem Stadtgarten. Privatstrand. *38 Zi. | 33 bd. Victor Hugo | Tel. 04 93 88 39 60 | Fax 04 93 88 07 98 | www.villa-victoria. com | Jean Médecin*

Insider Tipp

HÔTEL WINDSOR 🔊 [130 B5]

Ein Hotel für Liebhaber zeitgenössischer Kunst. Die „Chambres d'artistes" sind Werke bekannter Künstler: Claudio Parmiggiani und sein goldenes Zimmer, in dessen Mitte das Bett wie ein Altar schwebt; Ben, der die Geschichte eines Zimmers im wahrsten Sinne des Wortes neu geschrieben hat, und Olivier Mossets Zimmer als eine Symphonie in Rosarot. Außer-

dem gibt es die Kategorien „Posterzimmer" und „Freskenzimmer". Erfrischend originell. *54 Zi. | 11 rue Dalpozzo | Tel. 04 93 88 59 35 | Fax 04 93 88 94 57 | www.hotelwindsorni ce.com | Grimaldi o. Congrès/Joffre*

■ HOTELS € €

Insider Tipp

HÔTEL ARMENONVILLE 🔊 [130 A5]

Ein Garten mit Kakteen, Palmen, Mimosen und Zitrusbäumen umgibt das alte Herrenhaus, das ein schönes, kleines Hotel mit sehr freundlicher Atmosphäre beherbergt. *12 Zi. | 20 av. de Fleurs | Tel. 04 93 96 86 00 | Fax 04 93 44 66 53 | www.hotel-armenonville.com | Gambetta/Bottéro o. Alsace-Lorraine*

LE CASTEL ENCHANTÉ [138 C3]

In den Hügeln von Nizza liegt das *chambre d'hôte* von Martine und Jacques Ferrary. 4 gemütliche Zimmer und ein kleines Häuschen (900 Euro/Woche) in absoluter Ruhe, mit Schwimmbad und einer großen Terrasse. Das Castel ist gut mit dem Bus erreichbar. *61 route de Saint Pierre de Féric | Tel. 04 93 97 02 08 | Fax 04 93 97 13 70 | www.castel-enchan te.com | Emmanuel*

MARCO POLO HIGHLIGHTS

⭐ **Nice Garden Hotel**
Besonders netter Service, besonders schöner Garten – einfach etwas Besonderes! (Seite 78)

⭐ **Hôtel Négresco**
Was wäre die Promenade des Anglais ohne die weltbekannte Fassade des Négresco? Das natürlich auch drinnen allerhand zu bieten hat (Seite 76)

⭐ **Hôtel Palais de la Méditerranée**
Alte Fassade, neuer Kern – der „Palast des Mittelmeers" (Seite 76)

⭐ **Villa la Tour**
Liebevoll umgebautes Kloster in der Altstadt (Seite 77)

⭐ **Hi Hôtel**
„Das" Designhotel in Nizza (Seite 74)

HOTELS €€

HÔTEL LES CIGALES 🔊 [130 B5]
Das Familienhotel mit dem zu Süd-frankreich passenden Namen „Die Zikaden" wartet mit herzlicher Atmosphäre, schönen Zimmern und einer kleinen Dachterrasse auf – und das alles in einer wunderbar restaurierten alten Stadtvilla. *19 Zi. | 16 rue Dalpozzo | Tel. 04 97 03 10 70 | Fax 04 97 03 10 71 | www.hotel-lescigales.com | Grimaldi o. Congrès/Joffre*

HÔTEL DE LA FONTAINE 🔊 [130 B5]
Ein Schritt vor die Haustür, und Sie sind mittendrin im Geschehen: in einer belebten Straße unweit von Mittelmeer und Fußgängerzone. Einfache, saubere Zimmer und ein schöner Innenhof, in dem man sich vom Bummeln ausruhen kann. *29 Zi. | 49 rue de France | Tel. 04 93 88 30 38 | Fax 04 93 88 98 11 | www.hotel-fontaine.com | Congrès/Promenade*

> LUXUSHOTELS
Die unangefochtenen Nobelhotels Nizzas

HÔTEL NÉGRESCO ⭐ 🌊 🔊 [130 A5]
Hotellegende, Museum, das Gesicht Nizzas – das Hotel Négresco steht für Nizza wie kein anderes. Von außen wie von innen versprüht das Traditionshaus Prunk und Pracht. Wer sich in die Reihe von Adel und Prinzen, Promis und Sternchen einreihen will, steigt hier ab. Prunkvoll ist nicht nur die Fassade mit der Kuppel von Gustave Eiffel: Im Salon Royal unter dem Glasdach wiegt der Kristalllüster 1000 kg, und darunter liegt der größte Aubusson-Teppich der Welt. Der Hotelpalast besitzt auch eine bemerkenswerte Kunstsammlung. *121 Zi., 24 Suiten | 357–1840 Euro | 37 promenade des Anglais | Tel. 04 93 16 64 00 | Fax 04 93 88 35 68 | www.hotel-negresco-nice.com | Gambetta/Promenade*

HÔTEL PALAIS DE LA MÉDITERRANÉE ⭐ 🌊 🔊 [130 B5]
Luxus hinter Art-déco-Fassade. Erst 2004 wurde das geschichtsträchtige Haus nach 26-jähriger Pause und aufwendigen Restaurierungsarbeiten wieder eröffnet. Und schloss sofort an seinen Ruhm aus den 30er-Jahren an. *176 Zi., 12 Suiten | 315–825 Euro | 13–15 promenade des Anglais | Tel. 04 92 14 77 00 | Fax 04 92 14 77 14 | www.palais.concorde-hotels.com | Gustave V*

HÔTEL LA PEROUSE 🔊 [131 D5]
Eine der Topadressen der Stadt. In unmittelbarer Nähe zur Altstadt am Ende der Promenade gelegen, aber trotzdem eine Oase der Ruhe und ein Hotel, das seine Gäste mit Komfort und Service verwöhnt. *58 Zi., 4 Suiten | 275–950 Euro | 11 quai Raubà Capèù | Altstadt | Tel. 04 93 62 34 63 | Fax 04 93 62 59 41 | www.hotel-la-perouse.com*

HÔTEL WESTMINSTER 🌊 🔊 [130 B5]
Ein Juwel aus der Belle Époque. Seit seiner Gründung im Jahr 1880 ist das Hotel in Familienbesitz. Ebenso familiär und herzlich ist der Empfang. Moderne Zimmer, freundliche Atmosphäre und zwei Schritte bis zur Promenade. *100 Zi. | 190–900 Euro | 27 promenade des Anglais | Tel. 04 92 14 86 86 | Fax 04 93 82 45 35 | www.westminster-nice.com | Congrès/Promenade*

LITTLE PALACE 🔊 [130 B4]

Tolles Preis-Leistungs-Verhältnis in zentraler, guter Lage. Geschäfte, Restaurants, Strandpromenade und auch der Bahnhof sind nicht weit. Idealer Ausgangspunkt, wenn Sie per Zug die Côte d'Azur erkunden

HÔTEL SUISSE ☀🔊 [131 D5]

Topadresse direkt am Meer. Umgeben von der modernen, pastellfarbenen Einrichtung, gibt es das Frühstück mit herrlichem Blick auf die blaue Bucht. Wenn Sie das Wasser auch vom Bett aus sehen möchten,

Villa la Tour: Zimmer in Weiß und Blau, mit viel Holz und viel Charme

möchten. *30 Zi. | 9 av. Baquis | Tel. 04 97 03 00 00 | Fax 04 97 03 00 10 | www.interhotelnice.com | Congrès/ Joffre*

NOUVEL HÔTEL 🔊 [130 B5]

Schönes Belle-Époque-Hotel in zentraler Lage. Einfach, aber gepflegt – vom Einzelzimmer bis zur großzügigen Suite von 30 m². *56 Zi. | 19 bis bd. Victor Hugo | Tel. 04 93 87 15 00 | Fax 04 93 16 00 67 | www.nouvel-hotel.com | Victor Hugo*

müssen Sie allerdings ein Zimmer der €€€-Kategorie buchen. *42 Zi. | 15 quai Raubà Capéù | Altstadt | Tel. 04 92 17 39 99 | Fax 04 93 85 30 70 | www.hotels-ocre-azur.com*

VILLA LA TOUR ⭐ [131 D4]

Kleines Hotel im Herzen der Altstadt in den Mauern eines Klosters aus dem 18. Jh. Das Haus der Deutschen Barbara Kimmig stützt sich gegen die Tour de l'Horloge, den Uhrturm, und ist mit Charme und Komfort ausgestattet. Die Zimmer sind zwar nicht sehr groß, aber funktionell eingerichtet, einige mit Balkon. Der Service ist absolut perfekt. *14 Zi. | 4 rue de la Tour | Tel. 04 93 80 08 15 | Fax 04 93 85 10 58 | www.villa-la-tour. com | Cathédrale-Vieille Ville*

■ HOTELS €

NICE GARDEN HOTEL ★ 🛜   [130 B5]

Ein Garten mit duftenden Orangenbäumen – das sehen Sie beim Blick aus dem Fenster! Das kleine Hotel der Deutschen Marion Hoffmann ist ideal gelegen; alle Räume sind liebevoll renoviert worden, und man wird so herzlich empfangen, dass man sich gleich heimisch fühlt. *9 Zi. | 11 rue du Congrès | Tel. 04 93 87 35 62 | Fax 04 93 82 15 80 | www.nicegardenhotel.com | Congrès/Promenade*

>LOW BUDGET

> Zwei Jugendherbergen gibt es in Nizza: Zentral liegt *Les Camélias* (ab 20,70 Euro/Person | ganzjährig | 3 rue Spitalieri [130 C4] | Tel. 04 93 62 15 54 | www.hihostels.com | keine Parkplätze | Jean Médecin). Etwas außerhalb liegt *Mont Boron* (ab 16,20 Euro/Person | Juni–Sept. | Route Forestière du Mont Alban [131 F4] | Tel. 04 93 89 23 64 | www.hihostels.com | Maeterlinck).

> *Clairvallon* ist ein im Stadtteil Cimiez gelegenes Jugendhaus mit 4- bis 6-Bett-Zimmern und Schwimmbad (17 Euro Ü/F, 26 Euro Halbpension, 31 Euro Vollpension | ganzjährig | 26 av. Scudéri [139 D3] | Tel. 04 93 81 27 63 | Fax 04 93 53 35 88 | www.clajsud.fr | Relais de la Jeunesse).

LE PETIT LOUVRE   [130 C4]

Zentral, günstig, sauber: perfekt für junge Leute und Reisende mit kleinem Budget. *32 Studios | Okt.–Feb. geschl. | 10 rue Emma et Philippe Tiranty | Tel. 04 93 80 15 54 | Fax 04 93 62 45 08 | www.residence-petit-louvre-nice.cote.azur.fr | Jean Médecin*

HÔTEL RÉGENCE   [130 B5]

Hier sind Sie mitten im Geschehen. Sauber, freundlich und zentral: Strand und Meer nicht weit, Altstadt in Fußnähe und jede Menge Cafés, Restaurants und Geschäfte direkt vor der Tür. *60 Zi. | 21 rue Masséna | Tel. 04 93 87 75 08 | Fax 04 93 82 41 31 | www.hotelregence.com | Masséna*

HÔTEL SAINT GEORGES   [130 B4]

Das Hotel im Familienbesitz liegt zentral zwischen Bahnhof und Place Masséna, verfügt über gemütliche Zimmer und einen kleinen, schattigen Garten. Reservieren Sie ein Zimmer mit Gartenblick. Tolles Preis-Leistungs-Verhältnis. *30 Zi. | 7 av. Georges Clémenceau | Tel. 04 93 88 79 21 | Fax 04 93 16 22 85 | www.hotelsaintgeorges.fr | Jean Médecin*

HÔTEL SOLARA 🛜   [130 B5]

In der Fußgängerzone gelegen, nur 100 m vom Meer entfernt. Frühstück über den Dächern von Nizza? Die Zimmer im fünften Stock besitzen eine eigene Terrasse! *14 Zi. | 7 rue de France | Tel. 04 93 88 09 96 | Fax 04 93 88 36 86 | www.hotel-solara.net | Congrès/Promenade*

Insider Tipp

VILLA PAVILLON DE RIVOLI   [130 B5]

Zwei Straßen weiter, und schon stehen Sie auf der Promenade. Einfache, gepflegte Zimmer. *24 Zi. | 10 rue de Rivoli | Tel. 04 93 88 80 25 | Fax 04 93 88 96 28 | www.hotel-pavillonrivoli.com | Rivoli*

FERIENWOHNUNGEN

Neben Hotels gibt es natürlich auch in Nizza die Möglichkeit, ein Studio oder eine Ferienwohnung zu mieten.

Etwas irreführend ist die Übersetzung „Gästezimmer"; es handelt sich nicht um verstaubte, sondern um liebevoll und sehr persönlich geführte, oft restaurierte alte Gemäuer, in denen die Besitzer einige wenige Zimmer vermieten. Frühstück ist im Preis inbegriffen; manchmal wird ein *table d'hôte* angeboten: Die Vermieter ko-

Villa Pavillon de Rivoli: gepflegte Zimmer hinter der schmucken Fassade einer Stadtvilla

Eine Übersicht aller Studios und Ferienwohnungen stellt das Office de Tourisme auf seiner Internetseite zur Verfügung. Die Unterkünfte sind meistens erst ab einer Woche Aufenthaltsdauer buchbar. *www.nicetourism.com*

CHAMBRES D'HÔTES

In Frankreich gibt es zu Hotels noch die Alternative der *chambres d'hôtes*.

chen für ihre Gäste, gegessen wird gemeinsam. Sehr verbreitet sind die *chambres d'hôtes* in kleinen Städten und auf dem Land. Daher ist die Auswahl in Nizza nicht sehr groß. Aber ein paar gibt es doch – die meisten sind allerdings nur mit dem Auto erreichbar. Stöbern Sie doch mal auf diesen Internetseiten: *www.gites-de-france.com* und *www.fleursdesoleil.com*.

> VON PALÄSTEN, EINEM HÜGEL UND KEINEM SCHLOSS

Streifzüge durch die Vergangenheit an der Baie des Anges

Die Spaziergänge sind auf dem hinteren Umschlag und im Cityatlas grün markiert

1 DIE PROMENADE DES ANGLAIS: BELLE ÉPOQUE UND JUGENDSTIL

Urlauber mit Sonnenhüten an den Stränden, die Luxushotels und die für ihre Zeit repräsentativen Paläste Ruhl, Négresco, das Kasino Jetée-Promenade und der Palais de la Méditerranée: Die ★ *Promenade des Anglais* wurde in der ganzen Welt durch unzählige Bilder als Symbol des zeitlosen Nizza bekannt. Nachdem der schottische Schriftsteller Tobias Smollet

die heilende Wirkung des milden Klimas in einem Buch beschrieben hatte, begannen vor allem Engländer die Winter in Nizza zu verbringen und das Panorama entlang der Küste zu genießen. Den Anstoß zum Bau einer Promenade gab Reverend Lewis Way, der das dafür nötige Geld von den bereits in Nizza ansässigen Engländern beigesteuert bekam.

1844 erhielt die Promenade ihren heutigen Namen Promenade des Anglais – auf Nissart *Camin dei Inglès* (Weg

Bild: Blick vom Schlossberg auf Nizza

STADT SPAZIERGÄNGE

der Engländer); und heute ist die Prachtstraße am Meer noch immer das Wahrzeichen der Stadt. Sie beginnt ungefähr auf Höhe des Flughafens und erstreckt sich über 8 km bis zur Altstadt. Obwohl die Promenade viele ihrer Paläste durch die Betonbauwut der 60er- und 70er-Jahre verloren hat, sind viele Zeugnisse der Vergangenheit erhalten geblieben: Alle Stilrichtungen der Architektur des 19. und 20. Jhs. sind vertreten.

Dieser knapp 2 km langer Spaziergang beginnt auf Höhe der Seitenstraße Avenue de Bellet (Bushaltestelle Magnan) mit der Villa Collin Huovila (Nr. 139). Hier haben Sie eines der seltenen Jugendstilgebäude der Stadt vor Augen. Einige Schritte weiter kommen Sie an den Palais de l'Agriculture (Nr. 113), ein schöner Belle-Époque-Bau; er beherbergte ab 1901 die Société Centrale d'Agriculture, die den Anbau und die Akklimatisierung tropischer Pflanzen an der Côte d'Azur erforschte.

Das Centre Universitaire Méditerranéen (Nr. 65) von 1933 wurde bis 1965 von dem Schriftsteller Paul Valéry als Kulturzentrum geleitet. Das CUM ist heute Rahmen für Konzerte und Konferenzen und verfügt über einen der schönsten Hörsäle Frankreichs. Ein Stückchen weiter kommen Sie an der Villa Furtado Heine (Nr. 61) vorbei, die mit ihrer klassischen Fassade mitten in einem herrlichen Garten liegt. Die 26 m hohen bronzenen Venusstatuen, die das Hotel Elysée Palace (S. 73) einrahmen, sind Werke des Nizzaer Künstlers Sacha Sosno. Werfen Sie auch einen Blick auf den Palais Mercedes (Nr. 54) – er erinnert an Emil Jellinek, den Erfinder des Automobils, das den Namen seiner Tochter Mercedes trägt. Um die vorletzte Jahrhundertwende verbrachte die Familie die Wintermonate in Nizza.

Auch wenn Sie das nächste Gebäude schon hundert Mal auf Fotos gesehen haben, ist das Hôtel Négresco (S. 76) eindrucksvoll. Der Portier im napoleonischen Reiterkostüm und die Miles-Davis-Skulptur von Niki de Saint Phalle sind garantierte Hingucker! Sie müssen nicht im Hotel wohnen, um auf ein Glas Wein oder einen Espresso hineinzugehen, ins *La Rotonde,* die Karussellbar mit den Holzpferden – eine Attraktion für sich! Oder ins *Le Relais,* die britische Bar mit den Kunstwerken an den Wänden. Oder Sie reservieren sich gar einen Tisch im sterngekrönten Restaurant *Le Chanteclair (Juli/Aug. tgl., sonst Mi–So | €€€).*

Insider Tipp Die *Villa Masséna* (Nr. 35), prächtiges Zeugnis der Belle-Époque Architektur, wurde 1898 nach italienischem Vorbild für Victor, den Enkel von Napoleons Marschall André Masséna, gebaut. 1917 schenkte der Sohn von Victor den Palast der Stadt Nizza mit der Bedingung, ihn in ein *Museum für Geschichte* umzuwandeln. Auf 1800 m² zeigt das Museum die wichtigsten Stationen Nizzas vom Ersten Kaiserreich bis 1939. Die 15 000 Exponate des Museums – Einrichtungsgegenstände, Gemälde, Skulpturen und Kunstobjekte – bilden die Geschichte der Stadt abwechslungsreich ab *(Mi–Mo 10–18 Uhr | Eintritt frei).* Der Garten im englischen Stil wurde nach Originalplänen eines der berühmten Gartengestalter des 19. Jhs., Edouard André, gestaltet. Auch die *Bibliothek von Cessole* ist der Öffentlichkeit zugänglich; sie verfügt über mehr als 40 000 Bände und Dokumente über Nizza.

Nächste Station ist das West End (Nr. 31), das älteste Hotel an der Promenade, das unter dem Namen „Hotel von Rom" 1850 gebaut wurde. Ähnlich wie das benachbarte Westminster von 1880 ist auch dieses Hotel ein echtes Juwel der Belle Époque. Das Westminster *(S. 76)* gehört seit seinem Bau der Familie Grinda. Der Speisesaal des Hotels befindet sich im ehemaligen Tanzsaal und besitzt eine Decke mit prächtigen Fresken; die Holztäfelung und die Glasmalereien lassen das Hotel fast wie ein Museum erscheinen.

Das Palais de la Méditerranée *(S. 76)* eröffnete 1929 als Meisterwerk im Art-déco-Stil; seinem Architekten Charles Dalmas ist u. a. auch das Hotel Carlton in Cannes zu verdanken.

Das neue Hotel an der Promenade war ein prompter Erfolg: Mistinguett, Joséphine Baker, Louis Armstrong, Sacha Guitry, Duke Ellington zählten zu den ersten Stammkunden. 1978 fiel der Palast dem sogenannten „Krieg der Kasinos" zum Opfer: Mehrere Familien stritten sich mit allen Mitteln um das Eigentum an den Kasinos Nizzas. Auch der damalige, korrupte Bürgermeister Jacques Médecin war in diese Affäre verwickelt. Das Gebäude wurde teilweise zerstört, doch die Fassade mit ihren Flachreliefs von Antoine Sartorio kamen unter Denkmalschutz, und so erstand es wieder aus seiner Asche, zumal, als ein privater Veranstalter beschloss, das Innere des Gebäudes zu restaurieren: Luxushotel, Restaurant, Traumschwimmbad, Kasino, Kongress- und Schauspielsäle.

Lust auf eine Stärkung nach so viel architektonischer Aufregung? Gegenüber vom Palais de la Méditerranée empfängt Sie die Plage Lido an allen Sonnentagen des Jahres zu einem Frühstück oder einem Mittagessen mit Blick aufs Meer, zu einem frischen Salat, einer duftenden Pizza oder auch nur zu einem Drink direkt am Wasser. Oder Sie mieten sich einen Liegestuhl und legen erst einmal die Füße hoch!

2 COLLINE DU CHÂTEAU UND DAS ANTIQUITÄTEN- VIERTEL

Bevor Sie den steilen Weg zur Colline du Château, dem Schlossberg, hinaufgehen, können Sie an der Pointe Raubà Capèu Kraft auftanken. Die „Hutstehlerspitze" heißt so, weil dort der Wind oft stark bläst und der englischen Königin

Victoria angeblich einmal den Hut davongetragen hat. Kurz davor, zwischen 1883 und 1887, spazierte Friedrich Nietzsche auch hier entlang und fand Stoff für seine weltberühmten Werke. Am *balcon* – einem Weg, der im Halbkreis oberhalb des Meeres gebaut ist – können Sie den Blick auf Himmel und Wasser genießen. Überprüfen Sie noch einmal mithilfe der riesigen Sonnenuhr auf dem Boden die Zeit anhand Ihres eigenen Schattenwurfes, indem Sie sich an die angezeigte Markierung stellen – denn jetzt folgt ein etwa zweistündiger Rundgang.

Neben dem Hôtel Suisse, von wo aus Raoul Dufy so oft die Engelsbucht gemalt hat, führt ein Fußweg zum Schlossberg hinauf. Alternativ können Sie auch mit dem Aufzug bis fast zur Spitze fahren *(April/Mai, Sept. tgl. 8–19, Juni–Aug. 8–20, Okt.–März 8–18 Uhr | 1 Euro)*. Der Aufzug wurde in einen ehemaligen Brunnenschacht aus dem Jahr 1517 eingebaut, der 73 m tief in den Stein gehauen wurde. Oben angekommen, sehen Sie auf einer Terrasse den Tour Bellanda von 1825, der 1844 die Unterkunft des Komponisten Hector Berlioz war.

Das Schloss, nach dem der Hügel benannt ist, werden Sie hingegen vergeblich suchen: Die Festung, die einst auf dem Hügel stand, wurde 1706 auf Anordnung von Ludwig XIV. abgerissen, um den Widerstand gegen die Annektierung Nizzas durch Frankreich zu bekämpfen. Die schattigen Spazierwege hier oben liegen mitten in mediterraner Vegetation. Die Nizzaer nutzen die Ruhe der grünen Oase für Sonntagspicknicks, während sich die Kinder auf den Spielplätzen tummeln können. Dazu gibt es einen weiten Blick auf die Umgebung. Was wo zu finden ist, erklären Orientierungstafeln: im Osten der Hafen und der Mont Boron mit der Festung Mont Alban, im Westen sehen Sie die Baie des Anges und das Cap d'Antibes und blicken

Village Ségurane: auf zwei Stockwerken nach Antiquitäten, Kitsch und Kunst stöbern

STADTSPAZIERGÄNGE

bis zu den Voralpen von Grasse. Die Fundamente des Schlosses und der *Cathédrale Santa Maria de l'Assompta* sind auf dem Weg zum höchsten Punkt des Hügels noch zu erkennen.

Von der ☀ *Friedrich-Nietzsche-Terrasse* aus ist neben einem kleinen Souvenirladen der Blick nach Westen über die orangefarbenen Dächer der Stadt und die Kirchenkuppeln mit bunt glasierten Ziegeln herrlich. Die Terrasse wurde nach dem deutschen Philosophen benannt, der hier während wiederholter Winteraufenthalte Inspiration suchte: „Unter dem halkyonischen Himmel Nizzas, der damals zum ersten Male in mein Leben hineinglänzte, fand ich den dritten Zarathustra … Viele verborgene Flecke und Höhen aus der Landschaft Nizzas sind mir durch unvergessliche Augenblicke geweiht."

Unterhalb der Terrasse hört man das Rauschen des riesigen künstlichen Wasserfalls, der aus dem 19. Jh. stammt und vom Fluss Vésubie gespeist wird. Der **Wasserfall** und der Tour Bellanda sind am Abend sanft beleuchtet und von der Altstadt am schönsten zu sehen. Aber bevor Sie dorthin hinuntergehen, können Sie noch eine Erfrischungspause an der kleinen Bar etwas tiefer einlegen.

Nehmen Sie dann einen der Fußwege bergab in nordwestlicher Richtung, und folgen Sie der *allée François Aragon* zu den Friedhöfen. Der **katholische Friedhof** ist besonders beeindruckend: Das Monument für die Opfer des Opernbrandes von 1881 befindet sich gleich am Eingang. Unter anderem ruht hier der Schriftsteller Gaston Leroux, Autor des Romans „Das Phantom der Oper". Außerdem finden Sie das Grab der Familie Jellinek (Mercedes-Benz) und das von Giuseppe Garibaldi.

Anschließend gehen Sie nordwärts hinunter bis zur **Rue Catherine Ségurane**, wo das Antiquitätenviertel anfängt und wo es sich nach Lust und Laune bei den vielen Antikhändlern stöbern und kaufen lässt. Es erstreckt sich bis zur Rue Emmanuel Philibert und der Rue Antoine Gautier. In der Rue Catherine Ségurane dürfen Sie unter der Nr. 28 das *Village Ségurane (Mo–Sa 10–12 u. 14–19 Uhr)* nicht verpassen: über 40 Antiquitätenläden auf zwei Ebenen in einem sehr hübschen Gebäude aus dem Jahr 1967. Ein süßer Wachsgeruch begleitet Sie, während Sie Porzellan, Tafelsilber und Möbelstücke aus dem 18. und 19. Jh. entdecken. Ein Spaziergang durch die Vergangenheit. Ein Stückchen weiter, im **Haus Nr. 38**, treffen Sie noch einmal auf Friedrich Nietzsche, der hier 1883 den Schluss seines philosophischen Werkes „Also sprach Zarathustra" schrieb.

Noch ein Trödelmarkt? Dann gehen Sie in Richtung Hafen. Der kleine Antiquitätenflohmarkt, **Marché aux Puces**, befindet sich an der etwas versteckten Place Robilante am Quai Papacino *(Di–Sa 10–18 Uhr, Juni–Sept. bis 19 Uhr)*. Weiter in Richtung Süden, den Quai Lunel entlang, erreichen Sie das **Monument aux Morts**, das 1928 zu Ehren der 4000 Nizzaer, die im Ersten Weltkrieg gefallen sind, errichtet wurde. Und nach weiteren 100 m sind Sie wieder am Startpunkt. Die Sonnenuhr zeigt Ihnen jetzt sicherlich an, dass es Zeit für einen Aperitif ist …

Insider Tipp

Insider Tipp

EIN TAG IN NIZZA

Action pur und einmalige Erlebnisse.
Gehen Sie auf Tour mit unserem Szene-Scout

PICKNICK AM MORGEN

8:30

Frühstück zum Mitnehmen: Baguettestange aus der *Boulangerie des Artistes* unter den Arm klemmen und mit einem Coffee to go durch die kleinen Gassen bis zum Quai des Etats-Unis schlendern. An der Strandpromenade ein schattiges Plätzchen suchen und schon mal das nächste Ziel anvisieren: das Meer. **WO?** *14 rue de la Préfecture | Tel. 04 93 80 86 66*

9:30

GOURMET-TOUR

Mit Kochbuchautorin und Gastrokritikerin Rosa Jackson geht's auf Gourmet-Expedition durch Alt-Nizza! Und zwar durch alle kulinarischen Schubladen: Olivenöl probieren, bei der Herstellung frischer Pasta zusehen, lokale Süßigkeiten entdecken und provenzalische Weine verkosten. **WO?** *Les Petits Farcis, 7 rue du Jésus | Anmeldung unter Tel. 06 81 67 41 22 | Kosten: 100 Euro/3 Std. | www.petitsfarcis.com*

ESSEN UNTER FREUNDEN

12:30

Hungrig geworden? Henri Cagnoli weiß Rat! Der Besitzer des urigen *L'Escalinada* in der Altstadt ist berühmt für seinen Stockfisch und die gefüllten Sardinen, aber auch die gefüllten Zucchiniblüten sind ein Traum! Zum Nachtisch gibt's frische Himbeer-Charlotte. **WO?** *22 rue Pairolière | Reservierung unter Tel. 04 93 62 11 71 | www.escalinada.fr*

14:00

OM SHANTI!

Im *Django Reinhardt Community Center* die esoterische Seite der Stadt entdecken: Beim offenen Yogakurs treffen alle Könnerstufen zusammen. Unterrichtet wird auf Französisch. Wichtigste Vokabeln: Einatmen und Ausatmen – inspirer et exhaler! **WO?** *19 chemin du Château, St-Pierre, Anmeldung: Tel. 04 97 00 12 20*

24 h

DAS MEER RUFT

16:30

Vom Boot aus den Blick auf die wunderschöne Côte d'Azur genießen und beim Tauchgang die Unterwasserwelt erkunden. Der Tauchlehrer von *Nice Diving* folgt auf jeden Flossenschlag. **WO?** *14 quai des Docks | Anmeldung Tel. 04 93 89 42 44 | Kosten: First Dive Classic 45 Euro/ Person | www.nicediving.com*

19:00

RIVIERA-TREATMENT

Die Sinne sind wach, der Körper müde? Kann nicht sein! Sel de Gueranda und Algenextrakt versorgen die Haut mit Sauerstoff, und die Kopfmassage bringt einen wieder auf Touren! **WO?** *Le Soin Thalasso de Visage, 37 rue Masséna | Kosten: 60 Euro/60 Min. | www.labulledisis.fr*

SCHLEMMEN IM BARALE

21:00

Ab zum Dinner bei einem echten Nizzaer Urgestein: In der vierten Generation serviert Édouard echte *cuisine niçoise* im einmaligen Ambiente des Hafenviertels. Zwischen Grammofonen und alten Waagen genießt man den typischen Zwiebelkuchen *pissaladière* und *tarte aux blettes*, süße Teigtaschen mit Mangold. **WO?** *Chez la mère Barale, 39 rue Beaumont | Tel. 04 93 89 17 94*

23:00

ALL NIGHT LONG

Diese Party wird riesig! Im *Le Grand Escurial* rockt man auf 1500 m². Abtanzen bis in die frühen Morgen lohnt sich: Um 4 Uhr gibt's für alle Dagebliebenen ein kostenloses französisches Frühstück. **WO?** *29 rue Alphonse Karr*

> DIE GRIECHEN NANNTEN ES ANTIPOLIS

Schattige Altstadtgassen, Yachthafen und Strandleben – das ist Antibes

> **[138 B5] Anders als Nizza und Cannes, wo breite Promenaden zum Schlendern einladen und herrschaftliche Häuser mondänen Charme versprühen, ähnelt Antibes (80 000 Ew.) mit seiner Stadtmauer und den engen Gassen einer Festungsanlage.**
Antipolis, so nannten die Griechen die Stadt, die sie 340 v. Chr. „gegenüber" von Nizza gründeten. Später, von 400 bis 1244, war Antibes Bischofssitz, der dann nach Grasse verlegt wurde. Einem berühmten Bau-

meister ist das Wahrzeichen von Antibes, die Stadtmauer, zu verdanken: Hier legte der Marquis de Vauban, der Festungsbaumeister Ludwigs XIV., Hand an. Besonders gut ist sein Werk zu sehen, wenn Sie die Altstadt entlang der Uferpromenade in westlicher Richtung verlassen. ⚜ Hier bietet sich das schönste Panorama des Ortes: die Stadtmauer, das Château Grimaldi und im Hintergrund die Seealpen.

Bild: Strand von Antibes

ANTIBES

Heute ist Antibes eine belebte Stadt mit dem größten Yachthafen Europas: Besonders im Sommer geht es hier trubelig und bunt zu. Dann wächst die Bevölkerung auf 175 000 Menschen an! In den Gassen ist es kühl, das glitzernde, tiefblaue Meer lockt, und in den Bars beginnt der Abend mit einem Pastis. Die Einheimischen lieben ihre Stadt aber auch im Winter, wenn es auf dem morgendlichen *Marché Provençal* ge-

mächlich zugeht, Zeit für einen kleinen Tratsch bleibt, die Yachten im Hafen wippen und der *café crème* in der milden Wintersonne besonders gut schmeckt.

■ SEHENSWERTES ■■■

ALTSTADT ★ [135 D–E 2–3]

Wo die Wellen an die felsige Küste klatschen, erhebt sich die Stadtmauer von Antibes, in deren Schutz die Altstadt gewachsen ist – mit ihren schattigen Gassen, schmalen, mit Blumentöpfen geschmückten Stadthäusern und sonnigen Plätzen, gesäumt von Cafés und Restaurants. In der *Vieille Ville* steht das Leben selten still: Es beginnt am frühen Morgen, wenn die Bauern auf dem Markt ihre Stände aufbauen, und endet, wenn die Bars nachts ihre Türen schließen.

hat man einen weiten Blick über die Küste. In der benachbarten *Chapelle de la Garoupe* steht die vergoldete Holzstatue der Notre-Dame de Bon-Port, der Patronin der Seefahrer. Zahlreiche Votivtafeln erinnern an verunglückte Seeleute. *www.lecap dantibes.com* | *Bus 2 Richtung Eden Roc*

Cafés, Crêperien, Restaurants: Überall in der Altstadt verstecken sich lauschige Plätze

CAP D'ANTIBES ⭐ [138 B6]
Die Landzunge zwischen Antibes und Juan-les-Pins – feudale Villen, die man vor lauter Grundstück nicht sieht, Pinien, die in den Himmel ragen, eine herrliche Küstenstraße, das legendäre *Hotel Eden Roc*, in dem ganz Hollywood ein- und ausgeht. Das allein lohnt schon eine Spritztour über das Cap. Vom ☀ *Leuchtturm Garoupe* aus *(Route du Phare)*

LE CHEMIN DES CONTREBANDIERS ☀ [138 B-C 5-6]
Insider Tipp

Meer, so weit das Auge reicht: Ein Spaziergang auf dem „Schmugglerpfad" rund um das Cap d'Antibes ist ein Naturschauspiel. Start des ca. zweistündigen Rundgangs ist die *Plage Garoupe* am Cap d'Antibes. Dort nehmen Sie am Ende des Strandes den kleinen Weg *Chemin de Tirepoil*. Ein schmaler Pfad führt Sie nun durch eine Felsenlandschaft – auf der einen Seite die grünen Gärten der großen Anwesen, auf der anderen das offene Meer. Danach folgt ein kleiner Spaziergang durch die Villengegend, und Sie kommen zurück zur Plage Garoupe. Tipps: gutes Schuhwerk und – das Wochenende meiden! *Bus 2 bis Haltestelle Bouée*

FORT CARRÉ ☘ [135 D–E1]

Auf der Halbinsel Saint-Roch thront das Fort Carré. Es ist umgeben von einem Park – gut für einen Spaziergang und einen Blick auf Antibes und den Hafen. Das Fort wurde in der zweiten Hälfte des 16. Jhs. gebaut. Bis zum Anschluss Nizzas an Frankreich im Jahr 1860 diente es als Wach- und Verteidigungsposten: Bis dahin war Antibes letzter Hafen vor der Grenze zur Grafschaft Nizza. 1997 kaufte die Stadt die Anlage. Heute können Besucher das Fort Carré mit Kapelle, Gefängnis, Schlafsaal etc. besichtigen. *Di–So, 15. Juni–15. Sept. 10–17.30 Uhr; 16. Sept.–14. Juni 10–16 Uhr | Eintritt 3 Euro | Bus 13 aus der Altstadt*

MUSÉE PEYNET ET DU DESSINS HUMORISTIQUES [135 D3]

Ein kurzweiliger Abstecher während eines Altstadtbummels! Das Museum zeigt Werke des französischen Zeichners Raymond Peynet (1908–99). Berühmt sind seine „Amoureux" („Verliebte"), Darstellungen der Traumwelt eines Liebespaares. Für die Stadt Antibes hat Raymond Peynet ein „Liebesdiplom" entworfen, das jedem Hochzeitspaar geschenkt wird. Ebenfalls in der Ausstellung: provokativ-lustige (Presse-)Karikaturen. *Di–So 10–12 u. 14–18 Uhr | Eintritt 3 Euro | pl. Nationale*

MUSÉE PICASSO ★ [135 E3]

Wo die Geschichte von Antibes begann, sind heute 245 Werke von Pablo Picasso ausgestellt. Viele blickten schon von dieser Stelle aus aufs Meer: Griechen und Römer von ihren Siedlungen, Bischöfe aus ihrer Residenz, ab 1385 die monegassischen Grimaldis aus ihrem Schloss. Dann, ab dem Jahr 1925, Besucher aus den Fenstern des Musée Grimaldi. 1946 kam Picasso nach Antibes und überließ dem Museum 67 seiner Werke. Ein bisschen irreführend ist der heutige Name „Musée Picasso", denn neben den Werken des spanischen Künstlers sind in dem Museum auch andere bedeutende Künstler des 20. Jhs. vertreten. *Di–So, 16. Sept.–14. Juni 10–12 u. 14–18 Uhr; 15. Juni–15. Sept. 10–18 Uhr (Juli/Aug. Mi u. Fr bis 20 Uhr) | Eintritt 6 Euro | Château Grimaldi*

MARCO POLO HIGHLIGHTS

★ Altstadt
Es riecht nach Oliven, Orangen, Melonen und Kräutern auf dem provenzalischen Markt und in den engen Gassen der Altstadt (Seite 89)

★ Cap d'Antibes
Früher ein Pinienwald, heute das Nobelviertel der Region (Seite 90)

★ Musée Picasso
Picasso im Schloss Grimaldi (Seite 91)

PARC EXFLORA [138 B5]

Ein bezaubernder Spaziergang durch Zeit und Form der mediterranen Gärten: Rosengarten, üppig-exotische Gärten, der provenzalische Garten des 18. Jhs., Olivenhaine und Palmen. Dazu das Plätschern der Wasserfälle und Brunnen. *Tgl. 9.30–19 (Frühling), 9.30–21.30 (Sommer), 9.30–17 Uhr (Winter) | Eintritt frei | Route de Cannes*

▓ ESSEN & TRINKEN ▓

APPART THÉ CAFÉ 🔊 [135 D3]

Frühstück, ein leichtes Mittagessen, Tee und zwölf Sorten heißer Schokolade. Dazu kostenloser WLAN-Zugang. Einfach schön, dieses kleine, moderne Café am Rand der Altstadt! *Di–Sa 8.30–19.30 Uhr | 24 rue Lacan | Tel. 04 93 34 08 24 | €*

>LOW BUDGET

> „Annaliesse" und „Alysia" – das sind zwei der weltweit teuersten Yachten, die im Hafen von Antibes liegen. **[135 D2]**. Staunen ist kostenlos …

> Günstiger als die Menüs, zu denen Sie in jedem Restaurant verführt werden, sind die ofenfrischen Bagels in der *Copenhagen Coffee Lounge & Bagels.* Auch zum Mitnehmen. *Tgl. 19–23 Uhr | 8 rue Thuret* **[135 E2]**

> Frei ist der Eintritt in den *Jardin botanique de la Villa Thuret* des Gustave Thuret, der 1857 diesen Garten zur Erforschung mediterraner Baum- und Straucharten anlegte. *Mo–Fr 8–18 Uhr (Sommer), 8.30–17.30 Uhr (Winter) | 90 chemin Raymond* **[138 B6]** *| Cap d'Antibes | www. jardin-thuret.antibes.inra.fr*

LE BROC EN BOUCHE [135 E2]

Bistro, Weinbar und Trödelmarkt in einem: Urig ist es bei Flo und Fred in der Altstadt. Gepflegte À-la-carte-Küche ist von der Wandtafel auszusuchen. *Do–Di 12–14 und ab 19.30 Uhr (Mitte Juni–Aug. nur abends) | 8 rue des Palmiers | Tel. 04 93 34 75 60 | €–€€*

LE COMPTOIR DE LA TOURRAQUE [135 E3]

Bistrostil im rustikalen Steingemäuer, sehr gute, raffinierte mediterrane Küche: Fisch, Meeresfrüchte, frische Gemüse und zum Dessert das französischste überhaupt: *fondant au chocolat!* *Di–So ab 19.30 Uhr | 1 rue de la Tourraque | Tel. 04 93 95 24 86 | €€€*

LE FIGUIER DE SAINT-ESPRIT [135 E3]

In der Altstadt liegt das Restaurant von Sternekoch Christian Morisset. Der Gast hat die Wahl zwischen zwei Menüs (49 und 70 Euro) oder Gerichten à la carte. Berühmt ist Morisset für seine Tintenfisch-Cannelloni, sein Kaninchen und seine Scampi. Dazu empfiehlt der Sommelier natürlich immer den passenden Wein. *Do–Mo 12.15–13.30 und ab 19.30 Uhr, Mi ab 19.30 Uhr | 14 rue Saint-Esprit | Tel. 04 93 34 50 12 | www. christianmorisset.fr | €€€*

LA TAVERNE DU SAFRANIER [135 D–E3]

Lust auf ein Mittagessen auf dem Dorfplatz, weit weg von der Schickeria der Côte d'Azur? Dann probieren Sie hier den leckeren Fisch und die Muscheln. *Di–Sa 12–14 und 19–22, So 12–14 Uhr | 1 pl. du Safranier | Tel. 04 93 34 80 50 | €–€€*

LE VAUBAN [135 E2]

Mitten in der Altstadt gelegen, bietet das Restaurant gute lokale Küche in schönem Ambiente zu vernünftigen Preisen. *Mi–Mo 12–14 und 19.30–22 Uhr | 7 bis rue Thuret | Tel. 04 93 34 33 05 | www.levauban.fr | €€*

magerie (1 rue Sade), an der es fast unmöglich ist vorbeizuschlendern, ohne einzutreten. Die ganze Welt der Oliven und ihres Öls gibt es bei *Oliviers & Co (13 rue Sade)*.

Und noch ein Ort der feinen Düfte: Aus dem kleinen Ort Gourdon

L'Etable Fromagerie: Hier im Süden sind meist Schaf und Ziege Lieferanten köstlichen Käses

■ EINKAUFEN

Angefangen beim *Marché Provençal (Juni–Sept. tgl., Okt.–Mai Di–So 6–13 Uhr | cours Masséna [135 E3])*, ist die Altstadt ein Paradies für Gourmets und diejenigen, die einfach nur die Gerüche des Südens genießen wollen. Da ist zum Beispiel Jérôme Verrier, in dessen Geschäft *L'Empereur* die Regale gefüllt sind mit *foie gras,* feinen Tapenaden und getrockneten Tomaten *(7 cours Masséna | www.foie-gras-empereur.fr)*. Oder die Käsehandlung *L'Etable Fro-*

unweit der Küste kommen die Seifen, die im Altstadtladen *Fabrique de Savons de Toilette et Parfums (41 rue James-Close)* verkauft werden. Schön ist der Bummel durch die *Rue James-Close [135 D3]* mit kleinen Läden, Restaurants und Galerien.

Auf Klamottensuche? Passend zur Yacht-Atmosphäre im und um den Hafen gibt es in der *Rue Aubernon [135 E2]* die nötige Strand- und Segelausstattung, z. B. bei *Beach Rider (Nr. 30)* oder bei *Saint-James (Nr. 25)*. An der *Place Général de*

Gaulle [135 D3] liegt das Restaurant-Café *Square Sud* (tgl. 6–24 Uhr | €– €€). Hier gibt es auch nachmittags noch ein sonniges Plätzchen, das in der Altstadt schwer zu finden ist.

■ STRÄNDE

Nur einen Schritt aus der Altstadt heraus, westlich vom Hafen Vauban, liegt der kleine Sandstrand *Plage de la Gravette*. Verlassen Sie die Altstadt in Richtung Cap d'Antibes, kommen Sie an den Stränden *Plage du Ponteil* und *Plage de la Salis* vorbei. Das ausgelassene Strandleben spielt sich in *Juan-les-Pins* [138 B5] ab: breite Sandstrände, Bars und Restaurants, Promenaden und Eisdielen. Keine versteckten, idyllischen Buchten, sondern Beachlife pur!

■ FREIZEIT & SPORT

Einen exklusiven Strandtag können Sie sich im *Beach Resort Les Pêcheurs* am Cap d'Antibes gönnen. Mit Massagen für müde Rücken, einem Strandspielplatz für die Kleinen und einem Top-Restaurant für alle. *10 bd. Maréchal Juin* [138 B6] | *Liege pro Tag 15 Euro* | *www.lespecheurs-juan.com*

Verlockend ist beim Anblick des Meeres eine Spritztour über die Wellen: Ab 90 Euro für den halben Tag bietet *Antibes Bateaux Services* Boote zum Verleih an. Start ab Port Vauban [135 D1–2]; auch ohne Bootsführerschein! *Tel. 06 15 75 44 36* | *www.antibes-bateaux.com*

■ AM ABEND

In Partystimmung? In Antibes kein Problem. Los geht's im „Pub-Dreieck" um die Straßen *Boulevard d'Aguillon* und *Rue Aubernon*. Auf dem Boulevard d'Aguillon, der sich an der Stadtmauer hinter dem Port Vauban entlangzieht, reiht sich eine Bar an die andere. Bei gutem Wetter eine tolle Stimmung, wenn sich der Boulevard in eine einzige Freiluftbar verwandelt!

Gemütlich geht es im *Les Sens* zu (10 rue Sade | Tel. 04 93 74 57 06). Tagsüber Weinhandlung, abends Bar. Julien, passionierter Weinkenner, hat eine große Auswahl an Weinen, darunter edle Grand Crus, zu bieten. Dazu gibt es Käse, Schinken und *terrine* (Pastete).

Eine tolle Jazzkneipe mit Livemusik und einer Atmosphäre, die an die Pariser Clubs der 50er-Jahre erinnert, ist die im Hochsommer geschlossene *Bar en Biais* (600 première av. [138 B5] | Tel. 04 93 74 10 98 | *www.barenbiais-jazzclub.com*).

Die größte Diskothek der Côte d'Azur ist das *La Siesta* an der Küstenstraße zwischen Antibes und Villeneuve-Loubet – Restaurant, Kasino und Discolounge in einem! (Route du bord de mer [138 B5] | Tel. 04 93 33 31 31 | *www.lasiesta.fr*).

Die Partymeile von Antibes ist der Stadtteil *Juan-les-Pins*. Das ist zwar einmal über das Cap, dafür gibt es aber jede Menge Bars und Clubs.

■ ÜBERNACHTEN

L'AUBERGE PROVENÇALE   [135 D3]

Hotel mit sechs provenzalisch eingerichteten Zimmern mitten in der Altstadt. Morgens einen zweiten Kaffee im benachbarten *Café Vieil Antibes*, und der Markt ist nur fünf Minuten entfernt. Ideale Lage also. Außerdem verfügt das Hotel über ein sehr gutes

Restaurant (€€) für Fisch und Meeresfrüchte. *61 pl. Nationale | Tel. 04 93 34 13 24 | Fax 04 93 34 89 88 | www.aubergeprovencale.com | €€€*

LA BASTIDE DU BOSQUET [135 D5]

Die Eigentümer und Möbelrestaurateure Christian und Sylvie Aussel haben den leicht veralteten Charme ihres Hauses bewahren können. Vier großzügige, komfortable Zimmer mit Blick auf einen kunstvoll angelegten Garten. Schon der Romancier Guy de Maupassant hat sich in diesem Gemäuer voller Geschichte wohlgefühlt. Das Haus ist seit sechs Generationen im Familienbesitz und nur fünf Minuten vom Strand entfernt, auf dem noblen Cap d'Antibes ideal gelegen. *14 chemin des sables | Tel. 04 93 67 32 29 | Fax 04 93 34 06 04 | www.lebosquet06.com | €€*

LA JABOTTE [135 E5] Insider Tipp

Individuell und sehr liebevoll eingerichtet. Alle Zimmer gehen zum Garten hinaus, Frühstück gibt's auf der Terrasse, die umgeben ist von Oliven-, Zitronen- und Orangenbäumen. Und danach? Der Strand und die Altstadt sind nicht weit. *10 Zi. | 13 av. Max Maurey | Tel. 04 93 61 45 89 | Fax 04 93 61 07 04 | www.jabotte. com | €€*

LE RELAIS DU POSTILLON [135 D3]

In einem Altstadthaus zentral gelegen. Einfache, saubere Zimmer und Bäder. Vorne raus haben Sie einen Blick über einen grünen Platz, hinten raus gibt es sogar Zimmer mit eigener kleiner Terrasse. *16 Zi. | 8 rue Championnet | Tel. 04 93 34 20 77 | Fax 04 93 34 61 24 | www.relaisdu postillon.com | €–€€*

Neben modernen Motorbooten liegen auch elegante alte Segelyachten im Hafen von Antibes

> BLAUE STÜHLE, WEISSE HOTEL-FASSADEN, ROTER TEPPICH

Cannes hat viele Gesichter: von lebendigen Stränden und Märkten bis hin zu einer ruhigen Klosterinsel

> [138 A5–6] Cannes – Hauptstadt des Glamours und des Films, der Yachten und der Stars. Aber die Stadt (70 000 Ew.) ist mehr als das. Vor allem eine Stadt mit Geschichte: Erstmals erwähnt 1030, war Cannes über Jahrhunderte ein isoliert liegendes Dorf, dessen Bewohner, Bauern und Fischer, unter ärmlichsten Bedingungen lebten.

Cannes' Aufstieg begann erst 1834, als der Engländer Lord Brougham zufällig hier Halt machte, sich in den Ort verliebte und blieb. Ihm folgten Adlige, Prinzen und Könige aus England und Russland auf der Suche nach einem Winterdomizil im milden Süden. Und so entwickelte sich Cannes in wenigen Jahrzehnten vom Fischerdorf zum mondänen, weithin bekannten Städtchen. Der Erfolg der Internationalen Filmfestspiele tat ein Jahrhundert später ein Übriges, um Cannes ins Rampenlicht der Welt zu rücken und zum sommerlichen

Bild: Hotel Carlton

CANNES

Treffpunkt der Reichen und Schönen zu machen.

Doch es gibt auch ein Leben neben Starrummel und Blitzlichtgewitter. Nur wenige Schritte von der Prachtpromenade entfernt spielt sich das normale Leben ab: Die Fischer laufen mit ihrem Fang in den Hafen ein, Zeitung und Baguette unter dem Arm, treffen sich Einheimische zum Aperitif in der Bar, auf den Märkten wird gehandelt und getratscht.

▰▰ SEHENSWERTES ▰▰

BOULEVARD DE
LA CROISETTE ★ [132–133 C–F 3–6]

Was für Nizza die Promenade des Anglais, ist für Cannes die Croisette. Die Flaniermeile schlechthin! Palmen auf der einen, Sandstrand auf der anderen Seite und dazwischen die Promenade. Berühmt sind die blauen Stühle, die dort kreuz und quer stehen und für eine kleine Pause heiß begehrt sind. Hotelpaläste wie das Carlton, das Majestic und das Miramar prägen das Bild der weltbekannten Glamourmeile. An einem Ende der Croisette liegt das *Palm Beach Casino,* am anderen das Festivalgebäude. Und wenn vor dem Filmpalast alle suchend zu Boden blicken, sind Sie richtig an der *Allée des Etoiles.* Über 200 Stars haben hier ihre Hände in Betonplatten gedrückt und diese signiert.

18 Uhr (Juli/Aug. 11–20 Uhr) | Eintritt 4 Euro | 47 bd. de la Croisette

PALAIS DES FESTIVALS ET DES CONGRÈS ⭐   [132 B–C3]

Das ist sie also: die Treppe, auf die im Mai die Kameras der ganzen Welt gerichtet sind! Wenn zu den Filmfestspielen der rote Teppich ausgerollt, die Hotelfassaden verkleidet, der Strand in eine Partymeile ver-

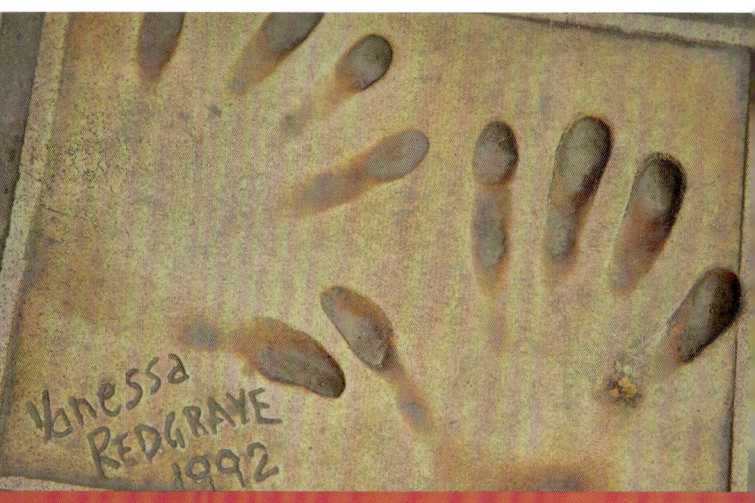

Was in Hollywood der Walk of Fame ist, ist in Cannes die – stilvollere – Allée des Etoiles

LA MALMAISON   [133 D3]

Es fällt auf, das weiße, feudale Herrenhaus mit dem großen Vorplatz direkt an der Croisette. Früher Spiel- und Teesalon des benachbarten Grand Hôtel, ist das La Malmaison heute ein kleines Museum für zeitgenössische Kunst. Jährlich gibt es drei verschiedene Ausstellungen nationaler und internationaler Künstler des 20. und 21. Jhs. *Di–So 10–13 u. 14–*

wandelt wird, ist Cannes im Ausnahmezustand. Alle drängen sich um den Filmpalast, um einen kurzen Blick auf die Stars zu werfen. Das Gebäude, ein Betonklotz, der von den Einheimischen „Le bunker" genannt wird, wurde 1982 eingeweiht. Das erste Filmfestgebäude stand dort, wo heute der Palais Stéphanie steht. Dem Erfolg der Filmfestspiele und der wachsenden Zahl an Messen und

Kongressen fiel leider das schöne historische Spielkasino zum Opfer, an dessen Stelle das heutige Palais des Festivals et des Congrès gebaut wurde. Wenn nicht gerade der rote Teppich ausgerollt ist, finden hier Messen und Kulturveranstaltungen statt. *www.palaisdesfestivals.com, www.festival-cannes.fr*

LE SUQUET   [132 A3]

Enge Gassen winden sich den *Mont Chevalier* hinauf: Das ist Le Suquet, das historische Zentrum von Cannes. Vorbei an jeder Menge Restaurants geht es bis hoch hinauf zur *Chapelle Sainte-Anne* und zum mittelalterlichen Schloss, in dem heute das historische *Musée de la Castre* mit antiken und mittelalterlichen Ausgrabungsgegenständen untergebracht ist *(Sept.–Juni tgl. 10–13 u. 14–18 Uhr, Juli/Aug. 10–19 Uhr | Eintritt 3,20 Euro)*. Von einer schattigen ☼ Terrasse aus haben Sie einen herrlichen Ausblick über die Croisette, die Bucht und die Îles de Lérins. Dafür lohnt sich die halbe Stunde Fußweg.

■ ESSEN & TRINKEN ■

L'AFFABLE   [133 D3]

Provenzalische Küche in modernem Ambiente. *Mo–Fr 12–14 u. 19.30–22, Sa 19.30–22 Uhr | 5 rue Lafontaine | Tel. 04 93 68 02 09 | www.restaurant-laffable.fr | €€–€€€ (Mittagsmenü 20 Euro)*

ASTOUX ET BRUN UND L'ANNEXE   [132 B3]

Der Klassiker, wenn es um Austernschlürfen und Crevettenpulen geht. *Tgl. 12–14.30 u. 19–23 Uhr | 27 rue Félix Faure | Tel. 04 93 39 21 87 | www.astouxbrun.com | €€*

Lieber Bistro als Restaurant? Dann besuchen Sie das zugehörige *L'Annexe* direkt am Marché Forville! **Insider Tipp** *Di–Sa 10–14.30 und 18–22, So 10–14.30 Uhr | 5 rue Louis Blanc | Tel. 04 93 68 18 71 | €–€€*

AUX BONS ENFANTS   [132 B3]

Kalbsbraten mit Oliven, Artischockenterrine, gebratene Sardinen. Bei Luc Giorsetti sind Sie genau an der richtigen Adresse, wenn Sie in familiärer Atmosphäre gute regionale Küche kosten möchten. *Di–Sa 12.15–14 u. 19.15–22 Uhr | 80 rue Meynadier | kein Tel. | €*

LA BROUETTE DE GRAND-MÈRE   [133 D3] **Insider Tipp**

Urgemütliches Restaurant mit einer Besonderheit: Es gibt nur ein Menü inkl. Champagner und Wein! Unbedingt reservieren. *Tgl. ab 19 Uhr | 9 rue d'Oran | Tel. 04 93 39 12 10 | €€*

LE COMPTOIR DES VINS   [133 D2]

Das Weinbistro von Laurent Heukem – Wein kaufen, Wein trinken und dazu eine *foie gras* genießen. Kleine wechselnde Karte mit Spezialitäten des Küchenchefs. *Mo–Fr 10–15 und*

MARCO POLO HIGHLIGHTS

★ **Boulevard de la Croisette**
Auf der Flaniermeile nach dem Jetset spähen und Glamour schnuppern (Seite 97)

★ **Palais des Festivals et des Congrès**
Betonbunker mit weltberühmtem rotem Teppich – ein Muss! (Seite 98)

17.30–24 Uhr | 13 bd. de la République | Tel. 04 93 68 13 26 | €

LA PALME D'OR ✦ [133 D3]

Die „Goldene Palme" ist nicht nur der höchste Preis der Filmfestspiele, sondern gilt auch als eines der besten Restaurants der blauen Küste. Für die innovative Küche ist Chefkoch Christian Sinicropi verantwortlich, Kinodekor und Blick auf die Bucht verleihen ihr den glamourösen Rahmen. *März–Dez. Di–Sa 12.30–14 u. 20–22 Uhr | 73 bd. de la Croisette | Tel. 04 92 98 74 14 | www.hotel-marti nez.com | €€€ (Menü 79–180 Euro)*

TAVERNE LUCULLUS [132 A3]

Nach einem Bummel über den Marché Forville die Adresse für einen Aperitif. Die Bar ist eine Institution, ihr Besitzer Henri Meyer passionierter Fußballfan, der zusammen mit seiner Frau Colette Wein, Champagner und Tapas über die Theke reicht. *Di–So 5–15 Uhr | 4 pl. du Marché Forville | €*

Insider Tipp VEGALUNA [133 D3]

Café und Restaurant direkt am Strand. Herrliches Ambiente, gutes Essen und sehr kinderfreundlich mit kleinem Spielplatz im Sand. Keine Menüs, nur à la carte. Die *tarte aux pommes* ist ein Genuss! *Tgl. 10–17 Uhr (je nach Wetterlage) | La Croisette (gegenüber vom Hotel Carlton) | Tel. 04 93 43 67 05 | www.vegalu na.com | €€*

■ EINKAUFEN ■

Von Zara bis Dior – Cannes ist ein Shoppingparadies und hält für jeden Geldbeutel etwas bereit. Am *Boule-vard de la Croisette* gehen die Schaufenster der Edeldesigner ineinander über; die *Rue d'Antibes* [132–133 B–D3] ist eine Geschäftsmeile mit Boutiquen aller Art. Wagen Sie einen Abstecher in die vielen Seitenstraßen der Rue d'Antibes: Hier stoßen Sie immer wieder auf unbekannte, originelle kleine Läden.

Ein Bummel über den *Marché Forville* (Di–So | [132 A3]) ist ein **Insider Tipp** Muss! Orangen, Tomaten, Kräuter – im Mittelgang bieten die Bauern der Region ihre Waren an. Wer eine Pause einlegen will, setzt sich in eine der umliegenden Cafébars.

Kulinarische Oasen gibt es haufenweise: Berühmt ist die Käsehandlung *Céneri & Fils* in der *Rue Meynadier* [132 B3]. Der bekannteste Feinkosthändler der Stadt ist *Ernest* mit seinen Läden und Konditoreien *(52 u. 53 rue Meynadier | 2 u. 6 rue Louis-Blanc* [132 B3] *| www.ernest-traiteur.com)*. Und da in Frankreich keiner um Schokolade herumkommt: Bei *Puyricard (9 rue des Belges* [132 C3] *| www.puyricard.fr)* gibt es in Handarbeit gefertigte Pralinen und Schokolade der Extraklasse. Schon mal *calissons,* eine süße Spezialität der Provence aus Melonen, probiert?

■ STRÄNDE ■

Einkaufstaschen in der einen, Badehandtuch in der anderen Hand: Stadt- und Strandleben liegen in Cannes unmittelbar nebeneinander. Cannes verfügt über eine große Anzahl von Stränden, die an die Strandrestaurants angeschlossen sind. Dort werden tageweise Liegen und Sonnenschirme vermietet (15–24 Euro). Pluspunkt: Umkleidekabinen und

Service mit Getränken und Speisen direkt am „Liegeplatz".

An beiden Enden der Croisette liegen die frei zugänglichen Strände, ebenfalls alle mit Duschen ausgestattet. Besonders schön: die *Bijou Plage* [133 E5–6] am äußersten Zipfel der Croisette, kurz vor dem Palm Beach Casino. Das Fischrestaurant mit gleichem Namen ist sehr zu empfehlen *(tgl. 8–18 Uhr | Tel. 04 93 43 95 07 | €€)*. An den alten Hafen am *Quai Saint-Pierre* [132 B4–5] schließt sich ein kilometerlanger Sandstrand bis Mandelieu-La Napoule an.

■ AM ABEND ■

In Cannes sind die Nächte lang! Im berühmten *Croisette Casino (Palais des Festivals | www.lucienbarriere. com)*, im *Palm Beach Casino (Pointe Croisette | www.lepalmbeach.com)* oder im *Les Princes-Casino Barrière*

Insider Tipp

de Cannes (50 bd. de la Croisette | *www.lucienbarriere.com)* lässt es sich nach Lust und Laune spielen und zocken.

Nicht weit davon, rund um die Rue Docteur Monod [132 C3], liegt das Zentrum der Pubs und Bars. *Le Loft (13 rue Docteur Monod)*, *Via Notté (13 rue du Commandant André)* oder die *Morrison Lounge (10 rue Teisseire)*: Die Auswahl ist groß. Der neue, sehr trendige Treffpunkt der Cannes-Jugend ist ▶▶ *Le Must (14 rue du Batéguier)*: Loungen Sie nach Herzenslust.

Glamourös und ganz im Cannes-Chic geht es in den Clubs weiter: Angesagt ist das ▶▶ *Le Bâoli*, Restaurant, Lounge-Bar und Club in einem *(Port Pierre Canto* [133 E5] *| www. lebaoli.com)*, das *Jimmy'z* im Palais des Festivals, das *Caliente (84 bd. de la Croisette)* oder das *New Cat (22*

Croisette: shoppen bis zum Abwinken oder schlicht *lécher vitrines* – „Schaufenster lecken"

rue Jean Macé): Party bis zum Morgengrauen.

Ein buntes Programm für Kulturinteressierte bietet die Veranstaltungsreihe „Made in Cannes" im Palais des Festivals: Theater, Musik, Tanz und Kleinkunst von Absolventen der Hochschulen für darstellende Kunst und Musik von Cannes. Jung, innovativ und modern! *Info und Vorverkauf: La Malmaison | 47 bd. de la Croisette | www.madeincannes.com*

■ ÜBERNACHTEN

LE CHANTECLAIR   [132 A3]

Wenige Schritte vom Marché Forville – zentraler wohnt man zu diesem Preis in Cannes kaum. Ruhig in einem Hinterhaus liegt das Hotel von Pierre und Liana Dalbigot. *15 Zi. | 12 rue Forville | Tel. 04 93 39 68 88 | www.hotelchanteclair.com | €*

LE FLORIAN   [132 C3]

Zentral, sauber, familiärer Empfang, günstig. Was will man mehr. *20 Zi. | 8 rue du Commandant André | Tel. 04 93 39 24 82 | Fax 04 92 99 18 30 | www.hotel-leflorian.com | €*

HÔTEL DE PROVENCE   [133 D3]

Kleines Hotel im provenzalischen Stil. Schöner, schattiger Vorgarten für den ersten Kaffee am Morgen. Das Hotel liegt zentral zwischen Croisette und Rue d'Antibes. *30 Zi. | 9 rue Molière | Tel. 04 93 38 44 35 | Fax 04 93 39 63 14 | www.hotel-de-provence.com | €€*

INTERCONTINENTAL CARLTON ♫   [133 D3]

Das Carlton: Hotellegende an der Croisette. Seit bald hundert Jahren empfängt das weltbekannte Hotel seine Gäste. Hier verliebten sich Frances (Grace Kelly) und John (Cary Grant) im Hitchcock-Klassiker „Über den Dächern von Nizza". Ein prachtvoller Belle-Époque-Bau, der die Croisette beherrscht. *338 Zi. u. Suiten | 58 bd. de la Croisette | Tel. 04 93 06 40 06 | Fax 04 93 06 40 25 | www.ichotelsgroup.com | €€€ (480–4800 Euro)*

LE MISTRAL ♫   [132 C3] *Inside Tipp*

Das familiäre Hotel liegt im Herzen von Cannes, eine Minute von der Croisette. 2006 wurde das Hotel in modernem Design von Grund auf renoviert. ☀ Die Zimmer im vierten Stock haben Meerblick. Kein Aufzug! *10 Zi. | 13 rue des Belges | Tel. 04 93 39 91 46 | Fax 04 93 38 35 17 | www.mistral-hotel.com | €€*

LE 3,14  [133 D3]

In Asien einschlafen? Sich in afrikanische Kissen betten? Das etwas andere Hotel: Die Zimmer und Suiten sind im Stil der fünf Kontinente eingerichtet. Feng Shui, herrliche Dach-

St-Honorat. Die Klosterinsel St-Honorat wird noch heute von Franziskanermönchen bewohnt. Was für ein idyllisches Plätzchen sie sich ausgesucht haben! Spazieren Sie über die Insel, nehmen Sie ein Bad im Meer, und besichtigen Sie dann die Klosterkirche und den Klosterladen. Wie wäre es mit einem Fläschchen Wein, von den Mönchen gekeltert *(www.*

Die Rezeption zeigt es: Das Hotel Le 3,14 steht im Zeichen der Harmonie und der Kreiszahl Pi

terrasse mit Pool – ein Ort zum Wohlfühlen mit allem Komfort. *96 Zi. u. Suiten | 5 rue François Einesy | Tel. 04 92 99 72 00 | Fax 04 92 99 72 12 | www.3-14hotel.com | €€€*

■ ZIEL IN DER UMGEBUNG ■

ÎLES DE LÉRINS [138 A–B6]

Nur 20 Minuten Bootsfahrt vom Trubel der Stadt entfernt liegen die beiden Inseln *Île Ste-Marguerite* und *Île*

abbayedelerins.com)? Die größere Île Ste-Marguerite ist unbewohnt und ebenso gut für einen Spaziergang geeignet und für den Besuch des *Musée de la Mer (Okt.–Juni tgl. 10.30–13.15 u. 14.15–17.45, Juli–Sept. tgl. 10–17.45 Uhr | Eintritt 3,20 Euro),* zum Picknicken und zum Baden in Felsbuchten. *Stdl. Abfahrten am quai Laubeuf, gegenüber vom Hotel Sofitel | Hin- und Rückfahrt 11 Euro*

> FELSEN FÜR MILLIONÄRE

Das kleine Fürstentum hat aber auch für Normalbürger eine
Menge zu bieten

> [139 F2] Dort wo sich heute das Kasino und das Hôtel de Paris befinden, gab es vor 150 Jahren lediglich moosbedeckte Steine, Orangenbäume und Pinienwälder. Idylle pur, aber ohne jede wirtschaftliche und gesellschaftliche Perspektive. Am Willen der Vorfahren von Prinz Albert II. mangelte es dabei nicht. Ihre Idee: ein Spielkasino. Die waren 1850 in Frankreich verboten. Eine Marktlücke, die Monaco füllen wollte.
Allerdings war es zu dieser Zeit eine wahre Herausforderung, die Stadt zu

erreichen. Von Nizza aus gab es die Wahl zwischen einer vierstündigen Fahrt mit der Pferdekutsche oder einer zweistündigen Schiffsfahrt. Kein Wunder, dass selbst eingefleischte Spieler zögerten. Derjenige, der die Situation retten sollte, hieß François Blanc: Der Franzose leitete mit großem Erfolg das Bad Homburger Spielkasino. Er gründete die heute noch sehr erfolgreiche Société des Bains de Mer (SBM) und verlängerte

Bild: Monte Carlo, rechts das Kasino

MONACO

die Eisenbahnstrecke von Cagnes-sur-Mer bis nach Monaco. So begann der Aufstieg des Fürstentums: In wenigen Jahren wurden über hundert Villen sowie zwanzig Hotels gebaut. Monaco (34 000 Ew.) wurde zum Inbegriff von Wohlstand und Luxus. Heute ist *Le Rocher* (Der Felsen) eines der gefragtesten Ziele an der Côte d'Azur. Es besteht aus den Vierteln Monaco-Ville mit der Altstadt und dem Fürstenpalast, Monte Carlo mit Kasino, Grandhotels und Stränden, La Condamine dazwischen und dem neuen Viertel Fontvieille, dessen Terrain durch Erdaufschüttung ins Meer gewonnen wurde.

■ **SEHENSWERTES** ■

CASINO DE MONTE CARLO ⭐ [137 D3]
Sie haben das Kasino vielleicht noch nie „live" gesehen, aber es kommt in so vielen Kinofilmen vor, dass seine Silhouette keinem unbekannt ist.

1878 wurde es von Charles Garnier, dem Architekten der Pariser Oper, entworfen. Die verschwenderisch eingerichteten Säle des Belle-Époque-Baus sind jedem zugänglich. Die ✳ Terrasse des Kasinos, eine kleine Palmenoase, überragt das Meer und gewährt den schönsten Ausblick von Monaco bis zur italienischen Riviera.

CATHÉDRALE DE MONACO [136 B5]

Die Kathedrale wurde 1875 im neoromanischen Stil gebaut. Neben schönen Altarbildern von Louis Bréa liegt hier auch das Grab der 1982 tödlich verunglückten Fürstin Gracia Patricia, deren Weg vom Hollywoodstar zur monegassischen Prinzessin Legende wurde. *Tgl. 8.30–19 Uhr*

Im Land, wo neben den Zitronen auch die Kakteen blühen – zumindest im Jardin Exotique

Im selben Gebäude befindet sich die Oper, einst die Bühne des Ensembles „Ballets Russes" von Sergej Diaghilev, dessen Aufführungen Anfang des 20. Jhs. durch ihren avantgardistischen Stil oft für Furore sorgten und stilbildend wirkten. Heutzutage sind die Ballett- und Opernaufführungen von Monte Carlo weltberühmt. *Place du Casino | Eintritt 10 Euro | www.casinomontecarlo. com, www.opera.mc*

(im Winter bis 18 Uhr) | 4 rue Colonel-Bellando-de-Castro | Eintritt frei | www.cathedrale.mc

COLLECTION DE VOITURES ANCIENNES (OLDTIMER-SAMMLUNG) [136 A4]

In einer prächtigen Ausstellungshalle werden ca. hundert Fahrzeuge der Fürstensammlung präsentiert. Von Kutschen des Prinzen Karl III. bis hin zum Rolls-Royce Silver Cloud und zum Hispano Suiza H6B. Natürlich hat der Bugatti 35 B, 1929 Gewinner des ersten Grand Prix von Monte Carlo, einen Ehrenplatz. *Tgl. 10–18 Uhr | Fontvieille | Eintritt 6 Euro | www.palais.mc*

JARDIN EXOTIQUE ⭐ [136 A4]

Blühende Riesenkakteen in allen Farben und Formen, exotische Pflanzen, afrikanische Bäume: Das Mikroklima macht's möglich, und das Ergebnis ist so erstaunlich wie wundervoll. *Tgl. 9–18 Uhr (15. Mai–15. Sept. 9–19 Uhr) | 62 bd. du Jardin Exotique | Eintritt 6,90 Euro | www. jardin-exotique.mc*

JARDIN JAPONAIS [137 E3]

Ein Vermächtnis von Fürstin Gracia Patricia: Nach ihren Wünschen hat der japanische Architekt Yasuo Beppu den Japanischen Garten realisiert. Eine von Shinto-Prinzipien bestimmte, 7000 m² große Ruheoase mitten im modernen Viertel Larvotto. *April–Okt. tgl. 9–19 Uhr, Nov.–März 9–18 Uhr | bd. Louis II | Eintritt frei*

LE MUSÉE NATIONAL: AUTOMATES ET POUPÉES D'AUTREFOIS (PUPPEN- UND SPIELAUTOMATENMUSEUM) [137 E3]

Nah am Meer, mitten in einem Rosengarten mit Skulpturen steht dieses Gebäude des Architekten Charles Garnier. Im Museum sind Alltagsszenen mit Puppen dargestellt; auch sind Spielautomaten des 19. Jhs. zu sehen. *Ostern–Sept. tgl. 10–18.30 Uhr, sonst 10–12.15 u. 14.30– 18.30 Uhr | 7 av. Princesse Grace | Eintritt 6 Euro | www.musee-national.mc*

MUSÉE ET INSTITUT OCÉANOGRAPHIQUE DE MONACO (OZEANOGRAFISCHES MUSEUM) ⭐ 🌊 [136 C5]

Ein riesiges Meereskundemuseum, malerisch in die Steilküste gebaut, das Hobbywissenschaftler Prinz Albert I. 1910 eröffnete, um die Meeresschätze allen und für alle Zeit zugänglich zu machen. Die 90 Aquarien, in denen sich 350 Fisch- und 100 Korallenarten tummeln, sind bemerkenswert. Außerdem sind Filme zu sehen vom berühmten Ozeanologen Jacques-Yves Cousteau, der 30 Jahre lang Leiter des Museums war. *Okt.–März tgl. 10–18, April–Juni/ Sept. 9.30–19, Juli/Aug. 9.30–19.30 Uhr | av. Saint-Martin | Eintritt 12,50 Euro | www.oceano.mc*

LE PALAIS PRINCIER ⭐ 🌊 [136 B4]

Der Fürstenpalast thront über dem Fürstentum auf einem 60 m aufragenden Felsen. Im 17. Jh. wurde er auf die ehemalige genuesische Festung aus dem 13. Jh. gebaut. Jeden Tag um 11.55 Uhr findet hier die Wachablösung statt; im Winter sind die Wachen schwarz und im Sommer weiß gekleidet. Im Südflügel des Palastes befinden sich die (natürlich nicht zugänglichen) Privatgemächer der Familie Grimaldi. Von der mit Fresken dekorierten *Galerie d'Hercule* aus können Sie in den wunderschönen *Cour d'Honneur* blicken. Der prächtige *Thronsaal,* der seit

Jeden Tag aufs Neue ein viel besuchtes Spektakel: die Wachablösung vor dem Fürstenpalast

dem 16. Jh. für offizielle Empfänge genutzt wird, und die reich möblierten *Grands Appartements* können besichtigt werden. *April tgl. 10.30–18, Mai–Sept. 9.30–18, Okt. 10–17 Uhr | Eintritt 7 Euro | www. palais.mc*

■ ESSEN & TRINKEN ■

LA CIGALE DI MARE [136 B4]

Kleines Bistro mit feiner Fischküche, vor allem bei den Einheimischen

sehr beliebt. Die Preise sind moderat für Monaco. *Tgl. | 4 rue Baron de Ste-Suzanne | Tel. 00377/97 77 14 64 | €€*

LE LOUIS XV [137 D3]

Abendessen bei Alain Ducasse – seit 1990 drei Sterne im Guide Michelin – in einem prächtigen Grandhotel im Stil von Versailles. Mondän, elegant, allgegenwärtiger Luxus und kulinarischer Hochgenuss. *Di, Mi geschl. (Mitte Juni–Mitte Aug. Mi abends geöffnet) | pl. du Casino | Tel. 00377/ 98 06 88 64 | www.alain-ducasse. com | €€€*

LA MAISON DU CAVIAR [137 D3]

Eines der ältesten Restaurants der Stadt. In rustikalem Ambiente sitzen Sie natürlich bei Kaviar, aber auch bei anderen Köstlichkeiten wie *foie gras* und *saumon fumé*. Ein Klassiker. *Tgl. | 1 av. Saint Charles | Tel. 00377/93 30 80 06 | €€*

L'ORANGE VERTE   [137 F2]

In dieser Restaurant-Lounge sind Sie rund um die Uhr zum Essen willkommen! Spezialitäten des Hauses: Lachs- und Rindertatar, Pasta, Edel-Cheeseburger und ein Kuchenbuffet. *Tgl. | 40 av. Princesse Grace | Tel. 00377/98 06 03 60 | www.montecarlobay.mc | €*

QUAI DES ARTISTES   [137 F5]

Mediterrane Küche und südfranzösische Stimmung suchen Sie hier vergeblich. In der typischen Pariser Brasserie direkt am Hafen mit der Replik eines Metro-Eingangs und schwarz-weiß gekleideten Garçons wird die authentische, traditionelle Küche der Hauptstadt zelebriert. *Di–Sa 12–14 und 19–24, So 12–14 Uhr | 4 quai Antoine Premier | Tel. 00377/97 97 97 77 | www.quaidesartistes.com | €€*

LE SAINT-BENOIT ✳   [136 C3]

Insider Tipp

Seit über 20 Jahren erfreuen sich Fischliebhaber an den Klassikern von Marcel Athimond und seinem Team: Meerespfanne (Hummer, Seeteufel, Scampi, Calamari) oder Shrimpstartelette. Der Service ist aufmerksam-freundlich, das Restaurant geräumig und der Blick auf den Hafen und die Grimaldi-Felsen umwerfend. *Di–Sa 12–14.15 und 19.30– 22.30, So 12–14.15 Uhr | 10 ter av. de la Costa | Parkplatz de la Costa 5. Stock | www.monte-carlo.mc/lesaint benoit | €€–€€€*

LE ZEBRA SQUARE ▶▶   [137 E3]

„En-vogue"-Restaurant mit minimalistischer Dekoration im Dschungeldesign. Sehr gute Fischgerichte, exzellente Desserts und ein Après-diner-Glas auf der Terrasse. *Tgl. 12–2 Uhr | 10 av. Princesse Grace | Tel. 00377/99 99 25 50 | www.zebrasquare.com | €€*

■ EINKAUFEN ■

Natürlich sind alle Nobeldesigner mit ihren Boutiquen vertreten. Wenn Sie tief in die Tasche greifen wollen, werden Sie in den Straßen rund um das Casino, im sogenannten *Cercle d'Or* [137 D3], fündig. Gegenüber den Jardins du Casino befindet sich die Shoppingmall *Le Métropole* [137 D3] mit über 80 Geschäften und Bou-

▶ LOW BUDGET

▶ Das *Hôtel Miramar* in Cap d'Ail (1,5 km von Monaco [139 E2]) ist ein familiengeführtes Hotel, preiswert, sauber und komfortabel. *25 Zi. | 126 av. du 3 Septembre | Cap d'Ail | Tel. 04 93 06 78 60 | Fax 04 93 78 82 78 | www.monte-carlo.mc/hotel-miramar-capdail/*

▶ Ein sehr gutes und relativ günstiges Mittagessen bietet *Le Miami Plage* am Strand von Larvotto [137 F3]: originelle Salatteller, Grillfleisch und Pizza. Und wenn nach dem Essen die Siesta ruft, sind auch Strandliegen zu mieten. *Plage du Larvotto*

▶ Die *Tip Top Caféteria* ist für den kleinen Hunger rund um die Uhr geöffnet und verfügt über eine große Auswahl an leckeren Toasts. *11 av. des Spélugues* [137 D3]

tiquen. Und im Stadtteil La Condamine [136 B4] laden um die Straßen *Rue Grimaldi* und *Rue Princesse Caroline* 200 Geschäfte zum Bummeln und Shoppen ein. Der Stadtteil Fontvieille mit dem familienfreundlichen *Centre Commercial* [136 A4], dessen 36 Boutiquen und dem Supermarkt bietet günstigere Alternativen und alltäglichere Produkte.

Jeweils im Januar und im Juli ist Schlussverkauf *(soldes)*, den Sie sich nicht entgehen lassen dürfen, wenn Sie zufällig zu diesem Zeitpunkt in der Nähe von Monaco sind: Die schönsten und luxuriösesten Designerboutiquen der Welt reduzieren die Preise stark.

■ FREIZEIT & SPORT

LES THERMES MARINS 🌿   [137 D4]
In dem Wellness- und Beautycenter der Superlative (6000 m^2) mit Blick aufs Mittelmeer genießen Sie total entspannt professionelle Anwendungen. Dazu gibt es ein herrliches Meerwasserschwimmbad. *2 av. de Monte Carlo | Tel. 00377/98 06 69 00 | Tageskarte ohne Behandlung 85 Euro | www.montecarlospa.com*

■ AM ABEND

Das Nachtleben ist Teil der Fürstentumslegende: Glamour, Clubbing, Galadiner, Kasino – ein exklusiver Cocktail. Die Pianobar ▶▶ *Sass Café* ist perfekt als „Before": Die Vips treffen sich hier vor der langen Partynacht. Auch beliebt bei den Schlaflosen, wenn alles andere geschlossen ist *(tgl. ab 23 Uhr | 11 av. Princesse Grace | www.sasscafe.com)*. Schwierig ist es, ein nobleres Etablissement zu finden als *Le Jimmy'z*. Hier zeigen

sich die „beautiful people" der Côte d'Azur. Von Glasflächen umgeben, wirkt der Tanzbereich wie eine grüne Oase – das Meer als Hintergrund *(26 av. Princesse Grace | www.sporting montecarlo.com)*. Der aktuelle Clubbing-Tempel ist **Le Karément**, vielleicht die beste Disco der Côte d'Azur *(10 av. Princesse Grace | www.karement.com)*.

Insider Tipp

Jazz, Blues und Rock wird live gespielt im neuen *Le Mood (place du Casino)*. Cool und jazzig lebt's im 🔊 *La Note Bleue:* essen und trinken am Strand bei ausgewählter Musik, mittwochs bis samstags auch live von bekannten Jazzmusikern *(plage du Larvotto/av. Princesse Grace [137 F3] | www.lanotebleue.mc)*.

Zusätzlich zu den vielfältigen und qualitativ hochwertigen Programmen des *Théâtre Princesse Grace (12 av. d'Ostende [137 D4] | Tel. 00377/ 93 25 32 27 | www.tpgmonaco.com)* und des *Orchestre Philharmonique de Monte Carlo (Atrium du Casino | Tel. 00377/98 06 28 28 | www.opmc. mc)* kommen Sie in Monaco bei den zahlreichen Musik- und Theaterfestivals ganz bestimmt auf Ihre Kosten.

Formel-1- und Sportbegeisterte treffen sich im berühmten *Stars'N' Bars:* amerikanisches Essen und Plasmabildschirme mit aktuellen Sportereignissen *(6 quai Antoine 1er [137 F5] | Tel. 00377/97 97 95 95 | www.starsnbars.com | €€)*.

■ ÜBERNACHTEN

Wenn Sie unbedingt im zweitkleinsten Staat der Welt übernachten wollen, müssen Sie bereit sein, tief in die Tasche zu greifen: Lediglich ein 2-Sterne-Hotel gibt es im Fürstentum.

COLUMBUS HÔTEL 🔊 [136 A5]

Wenn ein schottischer Formel-1-Star ein 3-Sterne-Hotel in Monaco eröffnet, kann man sicher sein, dass etwas ganz Besonderes entsteht: Es ist chic und stylish bis ins kleinste Detail. Der Rennfahrer heißt David Coulthard, das Hotel liegt in Fontvieille nur etwa 500 m vom Strand entfernt. Die Zimmer sind sehr freundlich und geschmackvoll eingerichtet und vergleichsweise erschwinglich. *181 Zi. | 23 av. des Papalins | Tel. 00377/ 92 05 90 00 | Fax 92 05 91 67 | www. columbushotels.com | €€€ (ab 280 Euro)*

HÔTEL ALEXANDRA 🔊 [137 D3]

Hübsches Belle-Époque-Hotel mit modernem Komfort und Frühstück im Zimmer. *56 Zi. | 35 bd. Princesse Charlotte | Tel. 00377/98 06 03 60 | www.monaco-hotel.com/montecarlo/ alexandra/ | €€€ (ab 145 Euro)*

HÔTEL DE FRANCE [136 B4]

Fast eine Sehenswürdigkeit: das einzige 2-Sterne-Hotel von Monaco. Hübsch renovierte, provenzalische Zimmer. Sehr freundlicher Service. *26 Zi. | 6 rue de la Turbie | Tel. 00377/93 30 24 64 | Fax 92 16 13 34 | www.monte-carlo.mc/france | €€*

MONTE CARLO BAY 🔊 [137 F3]

Das Hotelresort überragt das Meer mit 4 ha Garten und Luxus direkt am Strand: fünf Restaurants, Innenpool, eine mit weichem Sandboden angelegte Lagune, Spa, Theater, zwei Kasinos. *344 Zi. | 40 av. Princesse Grace | Tel. 00377/98 06 03 60 | Fax 98 06 00 03 | www.montecarlobay. mc | €€€ (ab 315 Euro)*

Blick von der Corniche auf das dicht bebaute Monaco und das weite, blaue Mittelmeer

SALUT, LES ENFANTS!

Neben dem 8 km langen Strand von Nizza gibt es noch viel mehr Tummelplätze – nicht nur unter freiem Himmel

CENTRE KAPLA NICE [130 B5]

Die so einfachen wie genialen Holzbausteine aus Holland sind auch in Nizza angekommen. Das Kapla ermöglicht Kindern und Erwachsenen ein grenzenloses Bauen und Konstruieren – Häuser, Tiere, Fantasiefiguren. Auf der Dachterrasse lässt es sich gut zu Mittag essen (€) oder Tee trinken. *Di–Sa 9–19 Uhr | 58 rue de France | Nizza | Workshop für Kinder von 3 bis 14 Jahren: Mi, Sa 8 Euro | www.kapla.com | Congrès/ Promenade*

CONFISERIE FLORIAN [131 D5]

Süßwaren aus Früchten und Blumen der Region – schauen Sie in der Werkstatt zu, wie Bonbons, Schokolade, Konfitüren und kandierte Früchte in Handarbeit hergestellt werden. Besondere Spezialität: kandierte Clementinen *(clémentines confites)*. Die Franzosen lieben sie! Zuschauen, probieren, kaufen! *Tgl. 9–12 u. 14–18.30 Uhr | 14 quai Papacino | Nizza | Eintritt frei | Place de l'Ile de Beauté*

MARINELAND [138 B4]

Delfine, Orcas, Haie und Robben: Im größten Meerespark Europas sehen Kinder, was sie sonst nur aus Büchern kennen. Verschiedene Vorführungen, auch eine Flugschau von Greifvögeln. Sicher kein Low-Budget-Tipp; eher ein „Reisebonbon". *Feb.–Dez. tgl 10–23.30 Uhr | Espace Marineland | 306 av. Mozart | Antibes | Eintritt 35 Euro, Kinder (3–12 Jahre) 26 Euro | www.marineland.fr* Die angrenzende *La Petite Ferme* mit Tieren, Ponyreiten, Minizug und riesigen Hüpfburgen ist für kleinere Kinder ein toller Ausflug. *Eintritt 13 Euro, Kinder (3–12 Jahre) 10 Euro*

MOSHI MOSHI [130 C4]

Inside Tipp

Englischer Teesalon mit japanischem Einfluss und rosarote Mangas als Dekor: Mit ihren Leckereien wie Nutella-Crunchies oder Haribo-Erdbeeren-Muffins lässt Stéphanie Messal das Kind in jedem von uns wieder aufleben. Als Durstlöscher Smoothies, frische Fruchtsäfte und natürlich eine riesige Auswahl

> MIT KINDERN UNTERWEGS

an Teesorten. *Di–Sa 11–19 Uhr | 4 rue Défly | Nizza | Défly*

MUSÉE OCÉANOGRAPHIQUE [136 C5]
Ein Paradies für Kinder sind die rund 90 Aquarien mit ihren 350 Fischarten. Aber das Beste ist das ==Riesenaquarium voller Nemos!== Und natürlich sind auch die Kindermenüs im Restaurant auf der Dachterrasse, die Filme über die Unterwasserwelt und die Boutique mit den Plüschfischen etc. höchst interessant. *Okt.–März tgl. 10–18, April–Juni/Sept. 9.30–19, Juli/Aug. 9.30– 19.30 Uhr | av. Saint-Martin | Monte Carlo | Eintritt 12,50 Euro, Kinder (7–18 Jahre) 6 Euro | www.oceano.mc*

Insider Tipp

MUSÉE TERRA AMATA [131 E5]
Die ältesten Hütten Frankreichs haben Jäger auf dem Hügel Terra Amata bei Nizza vor 400 000 Jahren gebaut. Gebeine von Tieren, antike Werkzeuge und Nachbauten der ersten Hütten, in denen Menschen wohnten, sind im Museum ausgestellt. Eine aufregende Reise durch die Frühgeschichte. *Di–So 10–18 Uhr | 25 bd. Carnot | Nizza | Eintritt frei | www.musee-terra-amata.org | Le Port*

PARC PHOENIX [138 D3]
Entdeckungspark rund um exotische Tiere und Pflanzen aus aller Welt. Eine grüne Oase nach Strand- und Stadtleben. Ein Spaziergang durch sieben Klimazonen: „Der Grüne Diamant" *(Le Diamant Vert)* ist eines der größten Gewächshäuser Europas. *April–Sept. tgl. 9.30–19.30, Okt.–März 9.30–18 Uhr | 405 promenade des Anglais | Nizza | Eintritt 2 Euro, Kinder unter 12 Jahren frei | Arénas*

ZOO PARC CAP FERRAT [139 E3]
Papageien, Löwen, Bären: Der Zoo mit über 500 Tieren liegt in einem schönen, schattigen botanischen Garten. *Tgl. 9.30–19 Uhr (Sommer), 9.30–17.30 Uhr (Winter) | 117 bd. du Général de Gaulle | Saint-Jean/Cap Ferrat | Eintritt 15 Euro, Kinder (3–9 Jahre) 11 Euro | www.zoocapferrat.com*

> KÜSTE & HINTERLAND

Die Küste besitzt Weltruhm – doch auch im Hinterland verbergen sich landschaftliche und kulturelle Schätze

1 DIE KÜSTE ENTLANG ANS CAP FERRAT

Nach einer kurzen Fahrt über die Basse Corniche die mittelalterlichen Gassen von Villefranche-sur-Mer entdecken; an der Küste des Cap Ferrat spazierengehen; die Villen Ephrussi de Rothschild und Kérylos besuchen. Das Cap Ferrat liegt nur 10 km von Nizza entfernt, sodass sich der Ausflug als Halbtagestour (ohne die Spaziergänge) gut eignet.

Am Hafen von Nizza fahren Sie ostwärts über den Boulevard Franck Pilatte und den Boulevard Maurice Maeterlinck um den Mont Boron herum bis zur Bucht von Villefranche.

Die Altstadt von **Villefranche [139 D3]** erhebt sich wie ein antikes Theater über dem Meer. Folgen Sie der Beschilderung zur kleinen **Chapelle St-Pierre** mit Fresken von Jean Cocteau *(Di–So 10–12 u. 14–18, im Sommer 15–19 Uhr, 15. Nov.–15.*

Bild: Villa Ephrussi de Rothschild

AUSFLÜGE & TOUREN

Dez. geschl.). Der malerische Fischerhafen hinter der Kapelle verlockt zu einem Zwischenstopp in einem der Cafés. Parallel zur Uferstraße Quai de l'Amiral Courbet liegt die **Rue Obscure**, eine vollkommen mit Häusern überbaute Straße.

Folgen Sie nun der D 6098 am Meer entlang bis zur Kreuzung, über die Sie das **Cap Ferrat [139 E3]** erreichen. Ende des 19. Jhs. war die Halbinsel lediglich ein verwilderter Grund. Der belgische König Leopold II. entdeckte 1895 das Stückchen Land, erwarb zwei Drittel des Geländes und ließ zahlreiche Villen bauen. Darunter die berühmte **Radiana**, einen goldenen Käfig für seine junge Geliebte. Hier liegt auch der **Zoo Parc Cap Ferrat** *(s. S. 113)*.

Bei der Weggabelung am Touristikbüro halten Sie sich links und fahren zum Hafenparkplatz: Ausgangspunkt für einen Spaziergang vorbei an Villen und türkisfarbenen Buchten. Die gesamte Halbinsel kann auf einem Fußweg umrundet werden. Schön ist der Weg zur **Pointe St-Hospice**, der Spitze des Caps (ca. 3,5 km).

Ein Schmuckstück auf dem Cap Ferrat ist die ★ **Villa Ephrussi de Rothschild** (ausgeschildert). Sieben Jahre benötigte die Baronesse Rothschild für deren Bau, in den die Ideen von nicht weniger als 15 Architekten einflossen. Die Villa beherbergt heute eine bedeutende Kunstsammlung, u. a. mit Möbeln und Gemälden aus Mittelalter und Renaissance, sowie eine wertvolle Porzellansammlung. Die 7 ha umfassenden Themengärten sind paradiesisch. Für eine Pause zwischendurch ist die �☼ Terrasse des eleganten *Salon de Thé* genau das Richtige. *März–Juni, Sept./Okt. tgl. 10–18, Juli/Aug. 10–19, Nov.–Feb. 14–18 Uhr | Saint-Jean/Cap Ferrat | Eintritt 10 Euro, mit Villa Kérylos 15 Euro | Besichtigung mit 4-sprachiger Broschüre | www.villa-ephrussi.com*

Weiter geht es rechts über die D 125 nach **Beaulieu-sur-Mer [139 D3]** zur *Villa Kérylos*. Mit der Nachahmung eines griechischen Palastes aus dem 2. Jh. v. Chr. hat der Archäologe Théodor Reinhach modernen Komfort mit dem Geist der Antike verbunden. Die Villa ist mit Kopien und Reproduktionen von Möbeln und Fresken aus dem alten Griechenland eingerichtet. *März–Juni, Sept./Okt. tgl. 10–18, Juli/Aug. 10–19, Nov.–Feb. 14–18 Uhr | Impasse Gustave Eiffel | Beaulieu-sur-Mer | Eintritt 8,50 Euro, mit Villa Ephrussi 15 Euro | Besichtigung mit Audioführer auch auf Deutsch | www.villa-kerylos.com*

Insider Tipp

2 AUF DEN SPUREN VON MATISSE & CO

🚗 **Ein Tag auf den Spuren der großen Künstler führt ins Hinterland von Nizza. Ziel ist das Bergdorf Saint-Paul de Vence, rund 22 km von Nizza entfernt. Enge Gassen, der obligatorische Bouleplatz und ein Blick über die Hügel bis zum Meer. Hier waren sie alle: Matisse, Chagall, Renoir, Signac, Dufy. Bis heute ist das Dorf ganz der Kunst verschrieben. Abwechslungsreich und kurzweilig ist dieser Ausflug für alle: ausgesprochene Kunstliebhaber und diejenigen, die Farben und Landschaften lieben.**

Von Nizza geht es auf der A 8 in Richtung Cannes, die Sie bei der Ausfahrt Villeneuve-Loubet (Nr. 48) verlassen. Von dort folgen Sie der Beschilderung „Vence/Saint-Paul".

Bereits bei der Hinfahrt kommen Sie an der Ortseinfahrt von Saint-Paul vorbei. Erste Station Ihres Ausflugs sollte jedoch die Matisse-Kapelle *Chapelle Rosaire* in Vence **[138 B3]** sein: Das Spiel von Licht und Sonne ist vormittags am eindrucksvollsten. 1947–51 steckte Matisse all seine Ideen und Liebe zu Licht, Formen und Farben in die Gestaltung der Kapelle. Von Fenstern und Türen über Bilder bis hin zum Altar – alles stammt aus seiner Hand. Das durch die farbigen Fenster einfallende Licht taucht die Kapelle in einen warmen Schein. Die Kerzenständer sind Matisse' Lieblingsblume, der Anemone, nachempfunden; der Altar ist aus einem Stein, der der Beschaffenheit von Brot ähnelt. „Das ist mein Meisterstück", urteilte Matisse über das Ergebnis seiner Arbeit. Und Le Corbusier verließ die Kapelle mit den Worten: „Dank Ihnen ist das Le-

Insider Tipp

ben heute schön." *Mo/Do 10–11.30, Mo/Mi/Sa 14–17.30 Uhr | Eintritt 3 Euro | Infomaterial auch auf Deutsch*

Von Vence geht es zurück nach Saint-Paul [138 B3]. Zeit für einen Mittagssnack. Entlang der Stadtmauer und rund um die Rue Grande gibt es jede Menge Restaurants und Bistros. Und nicht nur das: In der Rue Grande reiht sich eine Galerie an die andere. Zeitgenössische Kunst, Antiquitäten,

mälde, Skulpturen und Zeichnungen: Bonnard, Calder, Chagall, Giacometti, Léger, Miró. Das Ehepaar Marguerite und Aimé Maeght hat die Stiftung 1964 gegründet und zusammen mit dem Architekten Joseph Lluis Sert einen wahrhaft künstlerischen Ort geschaffen. Gebäude und Anlage wurden von den Künstlern mitgestaltet: Wandmosaike von Chagall, Brunnen von Bury, ein Skulptu-

Saint-Paul de Vence: trotz vieler Touristen eines der schönsten Dörfer Südfrankreichs

Skulpturen – ein Mekka für Kunstliebhaber! Am Ende der Rue Grande liegt der Friedhof mit dem Grab von Marc Chagall. Rund um Saint-Paul gibt es vier ausgewiesene Wanderwege von 30–90 Minuten Länge.

Vom Dorf aus geht es zu Fuß oder per Auto zur ★ Fondation Maeght. Auf dem schattigen Hügel verbirgt sich eine der wichtigsten europäischen Sammlungen zeitgenössischer Ge-

renlabyrinth von Miró, der Hof von Giacometti. Von Giacometti ist auch das Mobiliar im *Museumscafé (€)* im Garten, wo sich dieser Tag herrlich beenden lässt. *Okt.–Juni tgl. 10–12.30 u. 14.30–18 Uhr, Juli–Sept. 10–19 Uhr | Saint-Paul | Eintritt 11 Euro | www.fondation-maeght.com*

Office de Tourisme de Saint-Paul: 2 rue Grande | Tel. 04 93 32 86 95 | www.saint-pauldevence.com

> VON ANREISE BIS ZOLL

Urlaub von Anfang bis Ende: die wichtigsten Adressen und Informationen für Ihre Nizza-Reise

ANREISE

AUTO

Über die Autobahn geht es über Mulhouse, Lyon, Orange und Aix-en-Provence nach Nizza. Wer aus Süddeutschland kommt, kann auch die Brenner- bzw. die Gotthardautobahn nehmen und dann über Mailand und Genua anreisen. Länger ist die Route Napoléon über Digne-les-Bains und Grasse. Die französischen Autobahnen sind mautpflichtig. Mit dem PKW zahlen Sie für 100 km ca. 5,50 Euro. Für Motorräder und Wohnmobile gelten Staffelpreise. Die Gebühren können in bar oder mit Kreditkarte gezahlt werden. Auch für die österreichischen und italienischen Autobahnen sowie für den Brenner zahlt man Autobahngebühr. In der Schweiz brauchen Sie eine Jahresvignette.

BAHN

Die Anreise per Bahn erfolgt – je nachdem woher Sie kommen – über Paris, Lyon, Straßburg oder Mailand. Informationen unter *www.bahn.de, www.sbb.ch, www.oebb.at*. Innerhalb Frankreichs verkehrt der Hochgeschwindigkeitszug TGV *(www.voyages-sncf.com)*.

FLUGZEUG

Der Flughafen Nice-Côte d'Azur *(www.nice.aeroport.fr)* liegt zentral und nicht weit vom Stadtzentrum

PRAKTISCHE HINWEISE

entfernt. Low-Cost-Airlines aus verschiedenen Städten bieten – rechtzeitig gebucht – gute Möglichkeiten, günstig nach Nizza zu kommen. Auch Lufthansa hat immer wieder gute Angebote ab 89 Euro (Steuern und Gebühren inkl.).

Öffentliche Busse fahren am Terminal 1 ab. Ins Zentrum fährt der Bus 23; Tickets (1 Euro) gibt es direkt im Bus. Die Busse 98 und 99 von Ligne d'Azur fahren für 4 Euro (Tageskarte) in die Stadt. Tickets hierfür sind am Schalter des Busbahnhofs zu kaufen.

AUSKUNFT

FRANZÖSISCHES FREMDENVERKEHRSAMT (MAISON DE LA FRANCE)
– Zeppelinallee 37 | 60325 Frankfurt/M. | Tel. 0900/157 00 25 | Fax 159 90 61 | info.de@franceguide. com | www.franceguide.com
– Lugeck 1–2, Stg. 1, Top 7 A | 1010 Wien | Tel. 0900/25 00 15 | Fax 01/503 28 71 | info.at@franceguide.com
– Rennweg 42 | 8021 Zürich | Tel. 0900/90 06 99 | Fax 044/217 46 17 | info.zrh@franceguide.com

OFFICE DE TOURISME NICE
– 5 Promenade des Anglais [130 B5] | Tel. 08 92 70 74 07 | www.nicetourism.com
– Flughafen Nizza | Terminal 1 | Tel. 08 92 70 74 07
– Bahnhof SNCF | av. Thiers | Tel. 08 92 70 74 07

OFFICE DE TOURISME ANTIBES
– 11 pl. du Général de Gaulle [135 D3] | Antibes | Tel. 04 97 23 11 11
– 55 bd. Charles Guillaumont [134 B6] | Juan-les-Pins | Tel. 04 97 23 11 10 | www.antibes-juanlespins. com

OFFICE DE TOURISME CANNES
– Palais des Festivals | 1 bd. de la Croisette [132 B3] | Tel. 04 92 99 84 22 | www.cannes.com

OFFICE DE TOURISME MONACO
2a bd. des Moulins [137 D3] | Tel. 00377/92 16 61 16 | www.visitmonaco.com

DIPLOMATISCHE VERTRETUNGEN

DEUTSCHES KONSULAT
34 av. Henri Matisse | 06200 Nizza | Tel. 04 93 83 55 25 | Fax 04 93 83 05 50 | Mo–Fr 9–12 Uhr

ÖSTERREICHISCHES KONSULAT
6 av. de Verdun | 06000 Nizza | Tel. 04 93 87 01 31 | Fax 04 93 87 59 92 | Mo–Fr 10–12 Uhr

SCHWEIZER KONSULAT
Palais de l'Harmonie | 21 rue Berlioz | 06000 Nizza | Tel./Fax 04 93 45 85 50 | Mo–Fr n. V.

GESUNDHEIT

Bei Inanspruchnahme ärztlicher Leistungen händigt der Arzt Ihnen ein Behandlungsformular „Feuille de

Soins" aus, auf dem die Personalien und erbrachten Leistungen vermerkt sind. Die Behandlung wird vor Ort bezahlt und nach Vorlage des Formulars von den heimischen Kassen zurückerstattet. Nachtapotheken in Nizza (24 Stunden geöffnet):
– *Pharmacie de nuit | 7 rue Masséna | Tel. 04 93 87 78 94*
– *Pharmacie Riviéra | 66 av. Jean Médecin | Tel. 04 93 62 54 44*

■ INTERNET ■

– *www.anous.fr/cote-d-azur* – Cityguide Côte d'Azur mit aktuellen Infos zu Restaurants, Shopping, Wellness
– *www.cityvox.fr* – Onlinemagazin mit vielen Informationen zu Restaurants, Hotels; Ausgeh- und aktuelle Veranstaltungstipps
– *www.guideriviera.com* – Praktische Infos und tolle Rubriken über Kunst, Meer, Gebirge, Golf. Viele Infos zur Vorbereitung auf die Reise
– *www.nicerendezvous.com* – Alles über Nizza: Gesellschaft, Politik, Sport, Aufführungen und Küche

– *www.cote.azur.fr* – Kommerzieller Anbieter mit praktischen Informationen (teilweise in Deutsch)

■ INTERNETCAFÉS & WLAN ■

Eine kleine Auswahl an WLAN-Spots. WLAN heißt auf Französisch WiFi.
– *Le Café Crème:* kostenloser und unlimitierter Internetzugang. Loungemusik, Terrasse und hausgemachte Crêpes. *Tgl. 8–0.30 Uhr | 5 rue Halévy | Nizza*
– *Panini @nd Web:* Schwimmen, ein Panino, eine Mail und wieder zurück zum Strand. *Tgl. 9–21 Uhr | 25 promenade des Anglais | Nizza*
– *Sun Sea Blue:* bei Verzehr kostenloser Internetzugang. ☀ Terrasse mit schönem Blick aufs Meer. Salat, Pizza, Crêpes und Eis. *Tgl 8.30–23 Uhr | 10 Min. 1 Euro, 1 Std. 4 Euro | 71 quai des Etats-Unis | Nizza*
– *Au Vieux Cyber:* Internetcafé für einen schnellen E-Mail-Check in der Altstadt. *Tgl. 10–12 u. 14–18 Uhr | 15 Min. 1 Euro | 4 rue Rossetti | Nizza*

> BLOGS & PODCASTS
Gute Tagebücher und Files im Internet

> *www.ben-vautier.com* – Der Blog des bekannten Nizzaer Künstlers Ben Vautier – ausgeflippt. Ein amüsantes Klicken durch Bens Fotowelt. Außerdem, auf Französisch, Kunterbuntes rund um Fluxus, Ben und seine ungewöhnlichen Ideen

> *http://blog.feelazur.de* – Nizza-Blog eines Einheimischen rund um Kultur, Reise, News, Transport und Kochen

> *www.nice-panorama.com* – Die Städte der Côte d'Azur live am Computer: Besichtigen Sie virtuell die Altstadt von Nizza, den Hafen von Antibes oder die Croisette in Cannes (englisch).

> Unter *www.qype.com/fr823-nice* und *www.tripadvisor.de* finden Sie jede Menge Tipps und Infos von Leuten, die vor Ihnen da waren!

Für den Inhalt der Blogs & Podcasts übernimmt die MARCO POLO Redaktion keine Verantwortung.

PRAKTISCHE HINWEISE

– Dre@m Cybercafé: zentral gelegenes, gut ausgestattetes Internetcafé. Tgl. 10–20 Uhr | 6 rue Commandant Vidal | Cannes
– Hologames Café: Mo–Sa 10.30–22.30 Uhr | 5 Euro/Std., ab 19 Uhr u. Sa 2,50 Euro/Std. | 30 bd. Wilson | Antibes

MIETWAGEN

Am Flughafen Nizza sind die großen Mietwagenanbieter Avis (www.avis.de), Europcar (www.europcar.de), Hertz (www.hertz.de) und Sixt (www.sixt.de) vertreten. Der Preis für einen Kleinwagen beträgt rund 280 Euro pro Woche. Besonders günstige Angebote bei Sixti (www.sixti.com).

NOTRUF

Allgemeiner Notruf: 112 | Rettungsdienst (SAMU): 15 | Polizei: 17 | Feuerwehr: 18 | Zahnärztlicher Notdienst: 04 93 80 77 77 oder 04 97 25 72 75

ÖFFENTLICHE VERKEHRSMITTEL

Das öffentliche Verkehrsnetz aus Bus und Straßenbahn heißt Ligne d'Azur. Eine Einzelfahrt (solo) kostet 1 Euro, die Tageskarte (pass 1 jour) 4 Euro, erhältlich im Bus bzw. am Automaten auf dem Bahnsteig. Achtung: Fahrscheine nicht knicken, sie werden dann ungültig. Für einen längeren Aufenthalt in Nizza lohnt sich die Wochenkarte (pass 7 jours), die Sie für 15 Euro in einem der beiden Verkaufsbüros kaufen können (3 pl. Masséna und 29 av. Malausséna). Die Wochenkarte schließt auch Fahrten mit den Bussen 98 und 99 ein, die zum Flughafen fahren. Außerdem gibt es 10er- und 20er-Karten (10 bzw. 20 Euro), die auch für mehrere Fahrgäste verwendet werden können. Die 10er-Karte (multi) gibt es im Verkaufsbüro; die 20er-Karte (multi+) im Bus und am Automaten. www.lignedazur.com

In diesem Reiseführer ist für jede Destination am Ende des jeweiligen Infoblocks die Haltestelle von Bus oder Bahn angegeben.

WAS KOSTET WIE VIEL?

> KAFFEE — 1,50 EURO für einen Espresso
> CROISSANT — 90 CENT für ein Hörnchen
> TAXI — 21–29 EURO für die Fahrt vom Flughafen ins Zentrum
> PAN-BAGNAT — 4 EURO für das mit salade niçoise gefüllte Brötchen
> APERITIF — 4 EURO für einen Pastis
> STRANDLIEGE — 19 EURO pro Tag in der Saison

Mit dem Regionalzug (TER) gelangen Sie von Nizza aus u. a. nach Antibes, Cannes und Monaco. www.ter-sncf.com

ÖFFNUNGSZEITEN

Viele Museen, Restaurants und Geschäfte haben montags geschlossen. Museen sind auch an vielen Feiertagen nicht geöffnet. Die französischen Essenszeiten liegen zwischen 12–14 und 19–22 Uhr; davor und danach ist die Küche meist geschlossen. Banken sind meist Mo–Fr 8.30–11.45 und 13.30–16.30 Uhr geöffnet.

POST

Standardbriefe (bis 20 g) und Postkarten innerhalb Frankreichs kosten 0,55 Euro; in andere EU-Länder 0,65 Euro. Postämter sind *Mo–Fr 9–12 u. 14–17, Sa 9–12 Uhr* geöffnet.

RAUCHEN

In öffentlichen Einrichtungen, Bars, Restaurants ist Rauchen verboten.

REISEZEIT

Im Juli und August hat Frankreich Ferien: Das ist die heißeste – und die teuerste – Zeit! Juni und September sind für einen Urlaub ideal. Aber auch die anderen Monate sind sonnig und mild. Wunderschön ist die Zeit der Mimosenblüte ab Ende Januar.

STADTRUNDFAHRTEN

Mit dem *Panoramabus* durch Nizza: Die Rundfahrt dauert 1 Std. 15 Min. Es gibt elf Haltestellen, an denen Sie beliebig zu- und aussteigen können. Die Tour führt die ganze Promenade entlang, durchs Hafenviertel bis zum Mont Boron und bis in den nördlichen Stadtteil Cimiez *(Kopfhörer mit deutschem Kommentar). Nov.–März tgl. 9.30–17 Uhr (stdl.); April–Okt. tgl. 9.30–18.30 Uhr (halbstdl.) | Tageskarte: 18 Euro; Zweitageskarte: 21 Euro | Karten im Bus, im Fremdenverkehrsamt oder in Ihrem Hotel | www.nicelegrandtour. com*

Der kleine *Touristenzug* startet alle 30 Minuten gegenüber vom Jardin Albert 1er auf der Promenade des Anglais. Die 40-minütige Fahrt führt hoch zur Colline du Château und um die Altstadt herum *(Kopfhörer mit deutschem Kommentar). Feb./ März, Okt.–Dez. tgl. 10–17 Uhr,*

WETTER IN NIZZA

	Jan.	Feb.	März	April	Mai	Juni	Juli	Aug.	Sept.	Okt.	Nov.	Dez.
	13	13	15	17	20	24	27	27	25	21	17	13
Tagestemperaturen in °C	4	5	7	9	13	16	18	18	16	12	8	5
Nachttemperaturen in °C	5	6	6	8	9	10	12	11	9	7	5	5
Sonnenschein Std./Tag	7	6	6	7	6	3	2	3	6	8	8	7
Niederschlag Tage/Monat	13	12	13	14	16	20	22	23	21	19	16	14
Wassertemperatur in °C												

April/Mai, Sept. tgl. 10–18 Uhr, Juni–Aug. tgl. 10–19 Uhr | Fahrt: 7 Euro | www.petittrainnice.com

Mit dem Fahrradtaxi *Cyclopolitain* können Sie entweder eine Stadtrundfahrt machen oder sich einfach von einem Ort zum anderen bringen lassen. Standorte: Hauptbahnhof, av. Jean Médecin/Nice Etoile, pl. Masséna, pl. Magenta, Promenade des Anglais/Casino Ruhl. *März–Okt. Di–Sa 10.30–19 Uhr; Nov./Dez./Feb. Di–Sa 10.30–18 Uhr | 30 Min. 1 Pers. 14 Euro, 2 Pers. 19 Euro; 60 Min. 1 Pers. 24 Euro, 2 Pers. 33 Euro; Einzelfahrten 1,50 Euro pro Person/pro km | Tel. 04 93 81 76 15*

STROM

Üblich sind 220 Volt. Flachstecker passen überall. Schukostecker brauchen einen Adapter.

TAXI

Das zentrale Taxiunternehmen ist *Central Taxi Riviera (Tel. 04 93 13 78 78)*. Der (teurere) Nachttarif gilt von 19 bis 7 Uhr. Taxistandorte sind pl. Masséna, Promenade des Anglais, pl. Garibaldi, rue Hôtel des Postes, Hauptbahnhof, Acropolis

TELEFON & HANDY

In *Café-Tabacs* oder bei der Post gibt es Telefonkarten *(télécartes)* in unterschiedlicher Stückelung.

Die Vorwahl für Frankreich ist 0033. Innerhalb Frankreichs gibt es keine Vorwahlen, es muss immer die vollständige, zehnstellige Nummer gewählt werden.Bei Anrufen aus dem Ausland entfällt die Null am Anfang. Vorwahl für Monaco: 00377. Die Vorwahl für Deutschland lautet 0049, für Österreich 0043 und für die Schweiz 0041, dann die jeweilige Ortskennzahl ohne Null.

Handy heißt auf französisch *portable*. Beim Roaming spart, wer das günstigste Netz wählt. Die drei großen Anbieter sind Neuf Cegetel *(www.cegetel.fr)*, Orange *(www.orange.fr)*, Bouygues *(www.bouyguestelecom.fr)*. Mit einer französischen Prepaidkarte entfallen die Gebühren für eingehende Anrufe. Prepaidkarten wie die von GlobalSim *(www.globalsim.net)* oder Globilo *(www.globilo.de)* sind zwar teurer, ersparen aber ebenfalls alle Roaminggebühren. Und: Sie bekommen schon zu Hause Ihre neue Nummer. Immer günstig sind SMS. Hohe Kosten verursacht die Mailbox: noch im Heimatland abschalten!

TRINKGELD

Die Höhe des Trinkgelds *(pourboire)* liegt im eigenen Ermessen. Man zahlt passend und lässt das Trinkgeld danach auf dem Tisch liegen.

ZEITUNGEN

Regionale Tageszeitung ist die „Nice Matin". Im zweiwöchentlichen Magazin „A nous", das überall ausliegt, und der deutschsprachigen „Riviera Zeitung" gibt es Veranstaltungstipps.

ZOLL

EU-Bürger können Waren des persönlichen Bedarfs innerhalb der EU frei ein- und ausführen, Grenzen gibt es bei Wein (90 l), Zigaretten (800 Stück) und Spirituosen (10 l). Bei der Einfuhr in die Schweiz sind 200 Zigaretten, Wein bis zu 2 l und Spirituosen bis zu 1 l frei. *www.zoll.de*

> TU PARLES FRANÇAIS?

„Sprichst du Französisch?" Dieser Sprachführer hilft Ihnen,
die wichtigsten Wörter und Sätze auf Französisch zu sagen

Aussprache

Zur Erleichterung der Aussprache sind alle französischen Wörter mit einer einfachen
Aussprache (in eckigen Klammern) versehen.

■ AUF EINEN BLICK ■

Ja/Nein	Oui [ui]/Non [nong]
Vielleicht	Peut-être [pöhtätr]
Bitte	S'il vous plaît [sil wu plä]
Danke	Merci [märsi]
Gern geschehen.	De rien. [dö rjäng]
Entschuldigen Sie!	Excusez-moi! [äksküseh mua]
Wie bitte?	Comment? [kommang]
Ich verstehe Sie/dich nicht.	Je ne comprends pas. [schön kongprang pa]
Ich spreche nur wenig Französisch.	Je parle un tout petit peu français. [schparl äng tu pti pöh frangsä]
Können Sie mir bitte helfen?	Vous pouvez m'aider, s.v.p.? [wu puweh mehdeh sil wu plä]
Guten Morgen/Tag!	Bonjour! [bongschur]
Guten Abend!	Bonsoir! [bongsuar]
Hallo!/Grüß dich!	Salut! [salü]
Wie ist Ihr Name, bitte?	Comment vous appelez-vous? [kommang wus_apleh wu]
Wie heißt du?	Comment tu t'appelles? [kommang tü tapäl]
Mein Name ist …	Je m'appelle … [schö mapäl]
Auf Wiedersehen!	Au revoir! [oh röwuar]
Tschüs!	Salut! [salü]
Hilfe!	Au secours! [oh skur]
Rufen Sie bitte schnell …	Appelez vite … [apleh wit]
… einen Krankenwagen.	… une ambulance. [ün_angbülangs]
… die Polizei.	… la police. [la polis]

■ UNTERWEGS ■

Bitte, wo ist …?	Pardon, où se trouve …, s.v.p.? [pardong, us truw … sil wu plä]
… der Bahnhof?	… la gare … [la gar]
… der Flughafen?	… l'aéroport … [laehropor]

SPRACHFÜHRER FRANZÖSISCH

… die Haltestelle?	… l'arrêt … [larä]/
	… la station … [la stasjong]
… der Taxistand?	… la place de voitures …
	[la plas dö woitür]
Bus/Fähre/Zug	le bus [lö büs]/le bac [lö bak]/
	le train [lö träng]
Entschuldigung,	Pour aller à …, s.v.p.?
wie komme ich nach …?	[pur_aleh a sil wu plä]
nah/weit	près [prä]/loin [luäng]
Ich möchte … mieten.	Je voudrais louer … [schwudrä lueh]
… ein Auto …	… une voiture. [ün wuatür]
… ein Fahrrad …	… un vélo. [äng wehloh]
… ein Boot …	… un bateau. [äng batoh]
offen/geschlossen	ouvert,e [uwär, uwärt]/
	fermé,e [färmeh]
drücken/ziehen	presser [presseh]/tirer [tireh]
Eingang/Ausgang	l'entrée [l'angtreh]/la sortie [la sorti]
Wo sind bitte die Toiletten?	Où sont les W.-C., s.v.p.?
	[u song leh wehseh sil wu plä]
Damen/Herren	dames [damm]/messieurs [messjöh]

SEHENSWERTES

Wann ist das Museum	A quelle heure ouvre le musée?
geöffnet?	[a käl_ör uwrö lö müseh]
Altstadt	la vieille ville [la wjäj wil]
Ausstellung	l'exposition [läkspohsisjong]
Kirche	l'église [lehglis]
Rathaus	la mairie [la märi]/
	l'hôtel de ville [lotäl dö wil]
	(Großstadt)
Schloss	le château [lö schatoh]
Stadtplan	le plan (de la ville)
	[lö plang (dö la wil)]
Stadtzentrum	le centre de la ville [santre dö la wil]

DATUM- & ZEITANGABEN

Montag	lundi [längdi]
Dienstag	mardi [mardi]
Mittwoch	mercredi [märkrödi]
Donnerstag	jeudi [schödi]

Freitag	vendredi [wangdrödi]
Samstag	samedi [samdi]
Sonntag	dimanche [dimangsch]
heute/morgen	aujourd'hui [oschurdüi]/
	demain [dömäng]
täglich	par jour [par schur]
Wie viel Uhr ist es?	Quelle heure est-il? [käl_ör ät_il]
Es ist 3 Uhr.	Il est trois heures. [il_ät truas_ör]
Es ist halb 3.	Il est deux heures et demie.
	[il_ät döhs_ör eh dmi]
Es ist Viertel vor 3.	Il est trois heures moins le quart.
	[il_ät truas_ör muängl kar]
Es ist Viertel nach 3.	Il est trois heures et quart.
	[il_ät truas_ör eh kar]

■ ESSEN & TRINKEN ■

Die Speisekarte, bitte.	La carte, s.v.p. [la kart sil wu plä]
Ich nehme …	Je prendrai … [schö prangdrä]
Bitte ein Glas …	Un verre de …, s.v.p.
	[äng wär dö … sil wu plä]
Vorspeise	le hors-d'œuvre [lö ordöwr]
Hauptgericht	le plat de résistance
	[lö plad rehsistangs]
Nachspeise	le dessert [lö dehsär]
Salz/Pfeffer	le sel [lö säl]/le poivre [lö puawr]
scharf	fort,e [for, fort]
Ich bin Vegetarier/in.	Je suis végétarien.
	[schö süi weschetariang]
Trinkgeld	le pourboire [lö purbuar]
Die Rechnung, bitte.	L'addition, s.v.p. [ladisjong sil wu plä]

■ EINKAUFEN ■

Wo kann ich … kaufen?	Où est-ce qu'on peut acheter …?
	[u äs kong pöht aschteh]
Apotheke	la pharmacie [la farmasi]
Bäckerei	la boulangerie [la bulangschri]
Kaufhaus	le grand magasin [lö grang magasäng]
Lebensmittelgeschäft	l'épicerie [lehpisri]
Markt	le marché [lö marscheh]
Haben Sie …?	Vous avez …? [wus_aweh]
Ich möchte …	J'aimerais … [schämrä]
Eine Einkaufstüte, bitte.	Un sac, s.v.p. [äng sak sil wu plä]
Das gefällt mir nicht.	Ça ne me plaît pas. [san mö plä pa]
Wie viel kostet es?	Combien ça coûte? [kongbjäng sa kut]

> www.marcopolo.de/nizza

Nehmen Sie Kreditkarten?

Vous prenez les cartes de crédit?
[wu pröneh leh kart dö krehdi]

■ ÜBERNACHTEN ■■■■■■■■■■■■■■■■■■■■■■■■■

Ich habe bei Ihnen ein
Zimmer reserviert.
Haben Sie noch …

   … ein Einzelzimmer?

   … ein Zweibettzimmer?

mit Bad
Was kostet das Zimmer
mit Frühstück?

J'ai réservé une chambre chez vous.
[schö rehsärweh ün schangbrö scheh wu]
Est-ce que vous avez encore …
[äs_kö wus_aweh angkor]
   … une chambre pour une
   personne?
   [ün schangbr pur ün pärsonn]
   … une chambre pour deux
   personnes
   [ün schangbr pur döh pärsonn]
avec salle de bains [awäk sal dö bäng]
Quel est le prix de la chambre,
petit déjeuner compris?
[käl_ä lö prid la schangbr pti
dehschöneh kongpri]

■ PRAKTISCHE INFORMATIONEN ■■■■■■■■■■■■■■

Können Sie mir einen
Arzt empfehlen?

Ich habe hier Schmerzen.
Eine Briefmarke, bitte.

Postkarte
Wo ist hier bitte eine Bank?

Geldautomat

Vous pourriez recommander un
médecin, s.v.p.?
[wu purjeh rökommang deh äng
bong mehdsäng sil wu plä]
J'ai mal ici. [scheh mal isi]
Un timbre, s.v.p.
[äng tambre sil wu plä]
la carte postale [la kart postal]
Pardon, je cherche une banque.
[pardong schö schärsch ün bangk]
la billetterie [la bijätri]

■ ZAHLEN ■■■■■■■■■■■■■■■■■■■■■■■■■■■■■■■■

1	un, une [äng, ühn]	11	onze [ongs]
2	deux [döh]	12	douze [dus]
3	trois [trua]	20	vingt [wäng]
4	quatre [katr]	50	cinquante [sängkangt]
5	cinq [sängk]	100	cent [sang]
6	six [sis]	200	deux cents [döh sang]
7	sept [sät]	500	cinque cents [sängk sang]
8	huit [üit]	1000	mille [mil]
9	neuf [nöf]	1/2	un demi [äng dmi]
10	dix [dis]	1/4	un quart [äng kar]

Nizza: Promenade des Anglais

> UNTERWEGS IN NIZZA UND UMGEBUNG

Die Seiteneinteilung für den Reiseatlas finden Sie auf dem hinteren Umschlag dieses Reiseführers.

CITY ATLAS

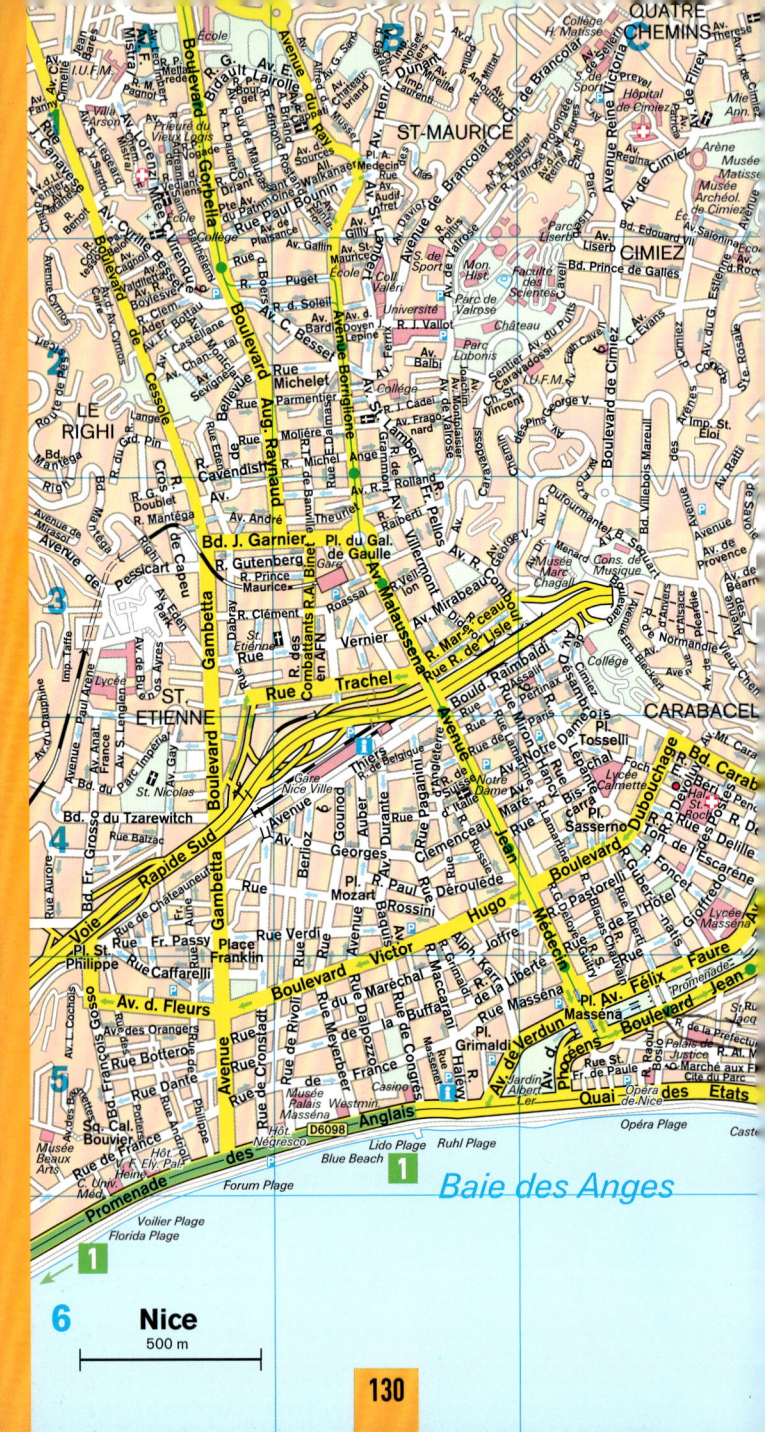

Nice

500 m

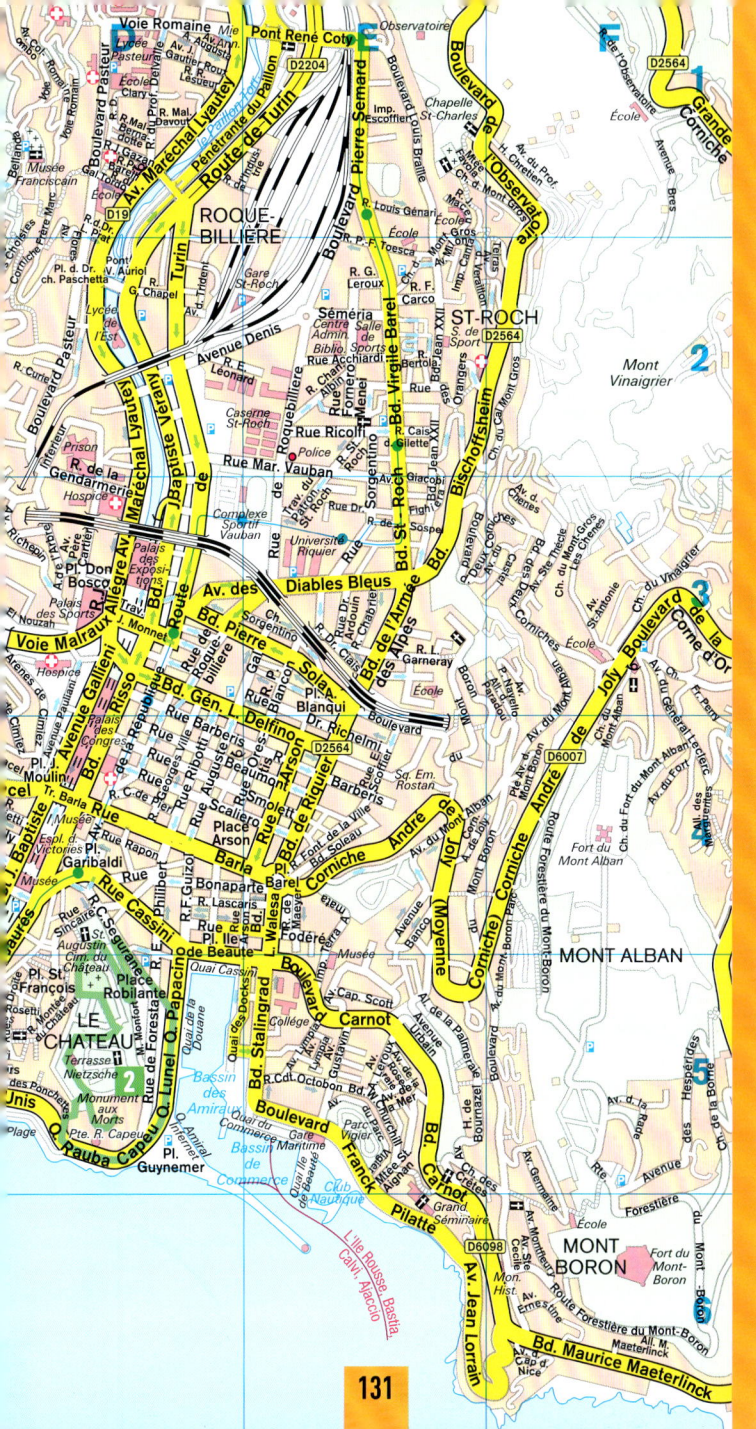

Cannes

250m

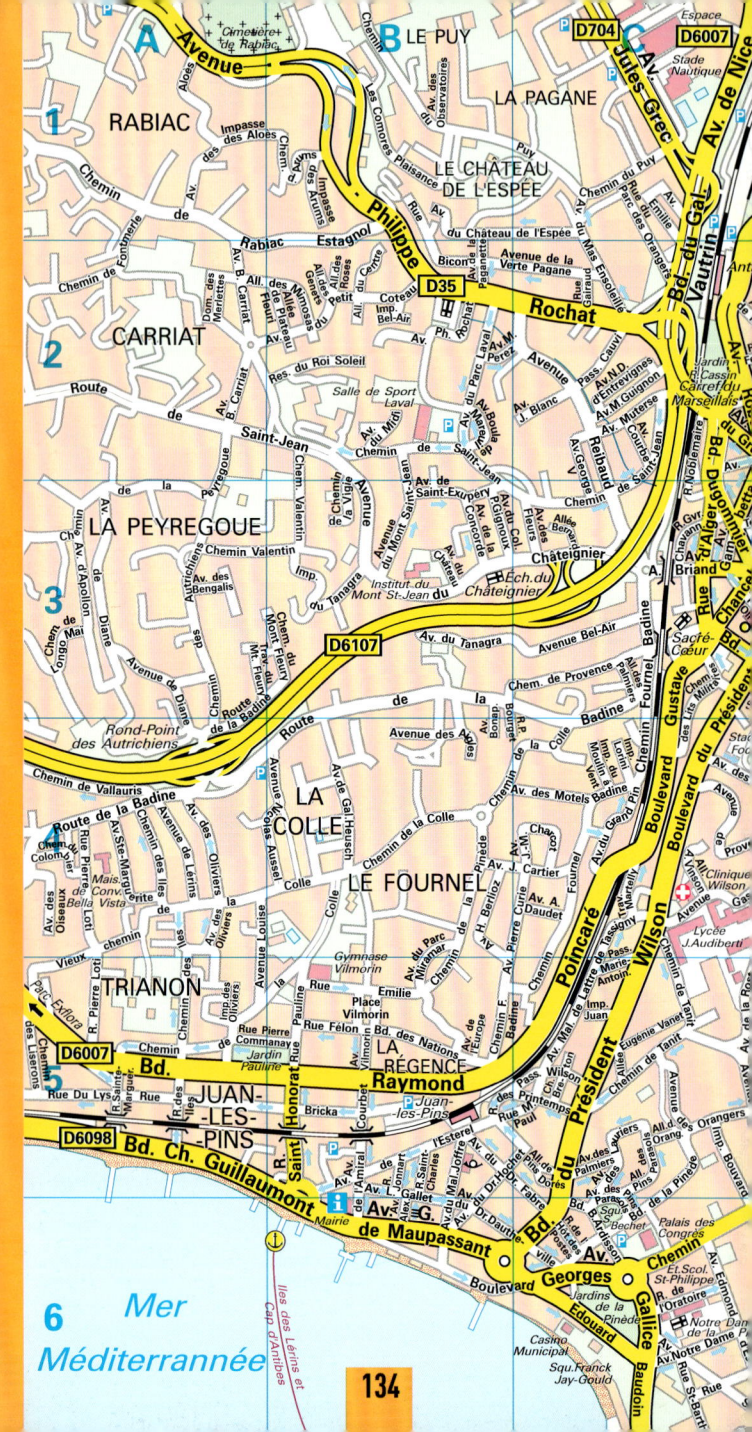

Antibes

250m

D | **E** | **F**

1

2

3

4

5

Port Vauban

Vieux Port

Mer Méditerrannée

Plage de la Gravette

Cathédrale Immaculée Conception

Chât. Grimaldi Musée Picasso

Musée de la Tour

Bastion St-André Musée d'Archéologie Square Elie Levy

Square Albert 1er

Pointe de l'Îlet

Plage du Ponteil

Pointe de Pendus

Plage de la Salice

Pointe Grenille

Plage de la Garoupe

Boulevard de Bacon

Port de la Salice

LA SALIS

BACON

SARAMARTEL

NOTRE-DAME

Chapelle Notre Dame de Bon Port

Phare de la Garoup

Monaco

250 m

Das Register enthält eine Auswahl der im Cityatlas dargestellten Straßen und Plätze

Notre-Dame, rue **132/B3-C3**
Pantiero, prom. de la **132/B3**
Petit Juas, av. **132/B1-B2**
Pins, bd. des **133/F1-F2**
Reine Astrid, av. de la **133/E5-F5**
République, bd. de la **132/C1-133/D2**
Riou, bd. du **132/A2**
Robert Favre le Bret, prom. **132/B3-C3**
Rouaze, rue **133/D3**
Serbes, rue des **132/C2-C3**
Source, bd. de la **133/F4**
St. Honore, rue **132/C3**
St. Jean, av. **132/A1-B2**
St. Louis, av. **132/A1-B2**
St. Nicolas, ch. de **132/C2**
St. Pierre, quai **132/B3**
Stanislas, pl. **132/A2**
Suquet, pl. du **132/A2**
Tristan Bernard, av. **133/E4-F4**
Vagliano, rue **132/C3**
Vallauris, av. de **132/C2-E1**
Vallombrosa, bd. **132/A3**
Vauban, pl. **132/B2**
Venizelos, rue **132/B2**

Antibes
11 Novembre, av. du **135/D1-D2**
24 Août, av. du **135/D3**
Aguillon, bd. d' **135/D2-E2**
Albert 1er, bd. **135/D3-D4**
Alger, rue d' **134/C3**
Amiral Courbet, rue de l' **134/B5-B6**
Amiral de Grasse, prom. de l' **135/E2-E3**
Arazy, rue **135/D3**
Arceaux, rue des **135/E3**
Aristide Briand, av. **134/C3**
Aubernon, rue **135/E2-E3**
Bacon, bd. de **135/F5-F6**
Badine, route de la **134/A4-C3**
Baptistin Adrisson, bd. **134/C6**
Bas Castelet, rue du **135/D3-E3**
Bateau, rue du **135/E3**
Bricka, rue **134/A5-B5**
Cap, bd. du **135/D5-D6**
Charles Guillaumont, bd. **134/A5-B6**
Châteignier, av. du **134/B2-C3**
Chênes, av. des **135/D5**
Colle, ch. du **134/A5-C4**
Crouton, ch. du **135/D6**
Dr. Dautheville, av. du **134/B6-C6**
Dr. Fabre, av. du **134/B5-C6**
Dr. François Delmas, rue du **135/D3**
Dr. Hochet, av. du **134/B6-C5**
Dr. Rostan, rue du **135/D2**
Dugommier, bd. **134/C2-C3**
Edouard Baudoin, bd. **134/B6-C6**
Emilie, rue **134/B5**
Ermitage, ch. de l' **135/D5-E6**
Ernest Macé, rue **135/D2-D3**
Esterel, rue de l' **134/B5**
Fersen. rue de **135/D3**
Fournel Badine, ch. **134/B5-C3**
Frères Adrien et Henry Roustan, av. des **134/C4-D4**
Gambetta, av. **134/C3-135/D2**
Gardiole Bacon, bd. **135/F5-F6**
Gaston Bourgois, av. **134/C4-135/D4**
Gazan, av. **135/D3-D4**
Général d'Andreossy, rue du **135/D2**
Général de Gaulle, pl. **135/D3**
Général Maizière, av. du **135/D4-E3**
Général Vandenberg, rue du **135/D3**
Général Vautin, bd. du **134/C1-C2**

Georges Clémenceau, rue **135/D3-E3**
Georges Gallice, av. **134/C6**
Grand Cavalier, av. du **134/C2-135/D3**
Guillaumont, rue **135/E3**
Gustave Chancel, bd. **134/C4-135/D3**
Guy de Montpassant, av. **134/B6**
Haut Castelet, rue du **135/D3**
Henri Doniol, av. **135/D4**
James Wyllie, bd. **135/D4-E5**
Jules Grec, av. **134/C1**
Lacan, rue **135/D2-D3**
Lauriers, av. des **134/C5**
Lémeray, av. **135/D3-D4**
Libération, av. de la **134/C2-135/D2**
Louis Gallet, av. **134/B5-B6**
Malespine, pl. **135/E2**
Maréchal de Lattre de Tassigny, av. **134/C4-C5**
Maréchal Foch, bd. **134/C3-135/D4**
Maréchal Joffre, av. du **134/B5-B6**
Maréchal Leclerc, av. **135/D4**
Maréchal Reille, av. du **135/D3**
Masséna, cours **135/E3**
Migrainier, rue du **135/D3-E2**
Mirabeau, av. **135/D2**
Mûriers, av. des **135/D5**
Nations, bd. des **134/B5**
Nice, av. de **134/C1-135/D1**
Orangers, av. des **134/C5**
Oratoire, rue del' **134/C6**
Pasteur, av. **135/D3**
Paul Bourgarel, rue **135/D3**
Paul Doumer, av. **135/D3**
Pêcheurs, quai des **135/E2**
Philippe Rochat, av. **134/A1-C2**
Pinède, bd. de la **134/C5-C6**
Pinède, ch. de la **134/B4-B5**
Pins du Cap, av. des **135/F6**
Pins Parasols, av. des **134/C5-C6**
Président Wilson, bd. du **134/C6-135/D3**
Printemps, rue des **134/B5-C5**
Provence, av. de **134/C4-135/D4**
Puy, ch. du **134/B1-C1**
Rabiac Estagnol, ch. de **134/A1-B2**
Raymond Poincaré, bd. **134/A5-C4**
Reibaud, av. **134/C2-C3**
République, rue de la **135/D3**
Robert Soleau, av. **134/C2-135/D3**
Rostagne, av. de la **135/D4-D5**
Sables, ch. des **134/C6-135/D4**
Sade, rue **135/D3-E3**
Sadi Carnot, rue **135/D2**
Saleurs, rampe des **135/E2**
Salis, av. de la **135/E5-E6**
St. Antoine. rue **135/D3**
St. Donatien, av. **135/D4**
St. Honorat, rue **134/B5**
St. Jean, ch. de **134/B2-C2**
St. Jean, route de **134/A2-B2**
St. Roch, av. **134/C4-C5**
Tanit, ch. de **134/A4-C5**
Thiers, av. **134/C2-D2**
Thuret, rue **135/D2-E2**
Vauban, rue **135/D2-D3**
Verdun, av. de **135/D2-E2**
Vieux chemin de la Colle **134/A5-B4**

Monaco
Abbaye, rue de l' **137/E6**
Albert 1er, bd. **136/B4-C3**
Albert 1er, quai **136/B4-C4**
Albert II, av. **136/A4-A5**

Antoine 1er, quai **137/F5**
Armes, pl.d' **136/B4**
Basse, rue **137/E5-E6**
Belgique, bd. de **136/A4-B3**
Bellandro de Castro, rue **137/E5-E6**
Bosio, rue **136/B3**
Boulingrins, allee des **137/D3**
Bretelle Auréglia, rue **136/B4-C3**
Campanile St. Nicolas, pl. du **136/A5-B5**
Canton, pl. du **136/B4**
Carmes, pl. des **137/E5-E6**
Casino, pl. du **137/D3**
Castelans, av. **136/A5**
Charles III, bd. **136/A4-B4**
Citronniers, av. des **137/D3**
Comte F. Gastaldi, rue **137/E5-E6**
Costa, av. de la **136/C3-137/D3**
Crovetto, av. **136/A4-B4**
Eglise, rue de l' **137/E6**
Emile de Loth, rue **137/E5-F6**
Etats Unis, quai des **136/C4-D4**
France, bd. de **137/D3-E2**
Gabian, reu du **136/A4-A5**
Grande-Bretagne, av. **137/D3-E2**
Grimaldi, rue **136/B4-C3**
Guelfes, av. des **136/A5**
Hector Otto, av. **136/A3-B3**
Hermitage, av. l' **137/D3**
Industrie, rue de l' **136/A5**
Italie, bd.d' **137/E2-F2**
Jardin Exotique, bd. du **136/A4-B3**
Jean-Charles Rey, quai **136/A4-B5**
John F. Kennedy, quai **136/C3-C4**
Lacets, bd. **137/E2-F2**
Larvotto, bd. du **137/F3-F2**
Ligures, av. des **136/A5-A6**
Madone, av. de la **137/D3**
Mairie, pl. de la **137/E6**
Marie de Lorraine, rue **137/E6-F6**
Millo, rue de **136/B4**
Moulins, bd. des **137/D3-E2**
Moulins, pl. des **137/D3**
Notre-Dame de Lorète, rue **137/E5-E6**
Ostende, av. d' **136/C3-D4**
Palais, pl. du **137/D5-E5**
Papalins, av. des **136/A5-B5**
Philibert Florence, rue **137/E5-F6**
Plati, rue **136/A4**
Port, av. du **137/E5**
Porte Neuve, av. de la **137/D5-F6**
Prince Héréditaire Albert. av. **136/A4-B4**
Prince Pierre de Monaco, av. **136/B4**
Princesse Alice, av. **137/D3**
Princesse Caroline, rue **136/B4**
Princesse Charlotte, bd. **136/C3-137/D3**
Princesse Grace, av. **137/E3-F2**
Quarantaine, av. de **137/E5-F5**
Rainer III, bd. **136/A4-C3**
Remparts, rue des **137/E5**
Saige, rue **136/B4**
St. Barbe, prom. **137/D5**
St. Barbe, rte. **137/D6-E6**
St. Dévote, pl. **136/C3**
St. Dévote, rue **137/E6-F6**
St. Martin, av. **137/E6-F6**
St. Michel, av. **137/D3**
St. Nicolas, pl. **137/E6**
Suffren Reymond, rue **136/B4**
Suisse, bd. de **136/C3**
Téano, ch. du **137/F2**
Visitation, pl. de la **137/F5**

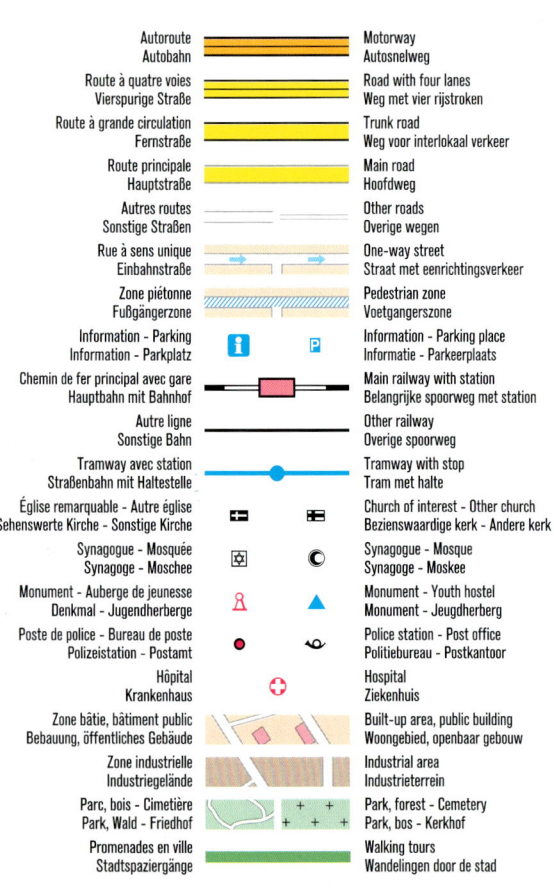

Français / Deutsch		English / Nederlands
Autoroute / Autobahn		Motorway / Autosnelweg
Route à quatre voies / Vierspurige Straße		Road with four lanes / Weg met vier rijstroken
Route à grande circulation / Fernstraße		Trunk road / Weg voor interlokaal verkeer
Route principale / Hauptstraße		Main road / Hoofdweg
Autres routes / Sonstige Straßen		Other roads / Overige wegen
Rue à sens unique / Einbahnstraße		One-way street / Straat met eenrichtingsverkeer
Zone piétonne / Fußgängerzone		Pedestrian zone / Voetgangerszone
Information - Parking / Information - Parkplatz		Information - Parking place / Informatie - Parkeerplaats
Chemin de fer principal avec gare / Hauptbahn mit Bahnhof		Main railway with station / Belangrijke spoorweg met station
Autre ligne / Sonstige Bahn		Other railway / Overige spoorweg
Tramway avec station / Straßenbahn mit Haltestelle		Tramway with stop / Tram met halte
Église remarquable - Autre église / Sehenswerte Kirche - Sonstige Kirche		Church of interest - Other church / Bezienswaardige kerk - Andere kerk
Synagogue - Mosquée / Synagoge - Moschee		Synagogue - Mosque / Synagoge - Moskee
Monument - Auberge de jeunesse / Denkmal - Jugendherberge		Monument - Youth hostel / Monument - Jeugdherberg
Poste de police - Bureau de poste / Polizeistation - Postamt		Police station - Post office / Politiebureau - Postkantoor
Hôpital / Krankenhaus		Hospital / Ziekenhuis
Zone bâtie, bâtiment public / Bebauung, öffentliches Gebäude		Built-up area, public building / Woongebied, openbaar gebouw
Zone industrielle / Industriegelände		Industrial area / Industrieterrein
Parc, bois - Cimetière / Park, Wald - Friedhof		Park, forest - Cemetery / Park, bos - Kerkhof
Promenades en ville / Stadtspaziergänge		Walking tours / Wandelingen door de stad

Neptun Plage, Nizza

REGISTER

Im Register finden Sie alle in diesem Band beschriebenen Sehenswürdigkeiten und Ausflugsziele sowie die wichtigsten Straßen und Plätze. Halbfette Seitenzahlen verweisen auf den Haupteintrag, kursive auf ein Foto.

> *www.marcopolo.de/nizza*

IMPRESSUM

SCHREIBEN SIE UNS!

Liebe Leserin, lieber Leser,

wir setzen alles daran, Ihnen möglichst aktuelle Informationen mit auf die Reise zu geben. Dennoch schleichen sich manchmal Fehler ein – trotz gründlicher Recherche unserer Autoren/innen. Sie haben sicherlich Verständnis, dass der Verlag dafür keine Haftung übernehmen kann.

Wir freuen uns aber, wenn Sie uns schreiben.

Senden Sie Ihre Post an die MARCO POLO Redaktion, MAIRDUMONT, Postfach 31 51, 73751 Ostfildern, info@marcopolo.de

IMPRESSUM

Titelbild: Gebäude mit Palme (alamy images/images-of-france: D. M. Hughes)
Fotos: alamy images/images-of-france: D. M. Hughes (1); Bleu Blanc Rouge: Gil Lanzi (12 u.);
W. Dieterich (U. l., U. M., 2 r., 3 M., 3 r., 4 l., 5, 6/7, 11, 16/17, 20/21, 22/23, 28/29, 30, 32, 35, 36, 38,
41, 42, 45, 46/47, 48, 51, 53, 54, 55, 56/57, 58, 61, 63, 64/65, 66, 69, 71, 72/73, 74, 77, 79, 80/81, 83,
84, 90, 93, 96/97, 98, 101, 103, 106, 108, 112, 112/113, 113, 114/115, 117); L'Escalinada: André
Benedetti (86 M.l.); Vivien Fischer (12 o.); Fleur de Café (15 M.); © fotolia.com: Galina Barskaya (15 o.),
Yanik Chauvin (87 M.r.), Kzenon (86 u.r.), PackShot (86 o.l.), simonkr (14 u.); HB Verlag: Wackenhut
(2 l.); Huber: Gräfenhain (20), Huber (88/89), Radelt (19); © iStockphoto.com: Mitch Aunger (15 u.),
Tatiana Fuentes (13 o.), Renee Lee (87 u.r.), Stuart Pitkin (87 M.l.); Laif: Amme (95, 104/105), Gamma
(21), Heeb (128/129, 143), Krinitz (U. r., 111), Kristensen (3 l., 4 r., 8/9, 26); A. Müller/C. Kiefel (147);
Nice Diving: Stéphane Mulé (87 o.l.); Les Petits Farcis (86 M.r.); Skin & Shave: Julien Michel (14 o.);
Ben Vautier (13 u.)

1. Auflage 2009
© MAIRDUMONT GmbH & Co. KG, Ostfildern
Chefredaktion: Michaela Lienemann, Marion Zorn
Autorinnen: Jördis Kimpfler, Muriel Kiefel; Redaktion: Arnd M. Schuppius
Programmbetreuung: Cornelia Bernhart, Jens Bey; Bildredaktion: Gabriele Forst
Szene/24h: wunder media, München
Kartografie Reiseatlas: © MAIRDUMONT, Ostfildern
Innengestaltung: Zum goldenen Hirschen, Hamburg; Titel/S. 1–3: Factor Product, München
Sprachführer: in Zusammenarbeit mit Ernst Klett Sprachen GmbH, Stuttgart, Redaktion PONS Wörterbücher
Das Werk einschließlich aller seiner Teile ist urheberrechtlich geschützt. Jede urheberrechtsrelevante
Verwertung ist ohne Zustimmung des Verlages unzulässig und strafbar. Das gilt insbesondere
für Vervielfältigungen, Übersetzungen, Nachahmungen, Mikroverfilmungen und die Einspeicherung
und Verarbeitung in elektronischen Systemen.
Printed in Germany. Gedruckt auf 100% chlorfrei gebleichtem Papier

FÜR IHRE NÄCHSTE REISE

gibt es folgende MARCO POLO Titel:

> UNSERE AUTORINNEN

MARCO POLO Insiderinnen Jördis Kimpfler und Muriel Kiefel im Interview

Autorin Jördis Kimpfler lebt seit sechs Jahren in Vallauris. Und möchte Café Crème und Croissant am Sonntagmorgen auf dem Markt nicht mehr missen!
Koautorin Muriel Kiefel ist gebürtige Pariserin und lebt seit sieben Jahren in Valbonne Sophia Antipolis.

Was verschlug Sie in den Süden Frankreichs?

J. K.: Ein Jobangebot. Der Möglichkeit, in Südfrankreich zu arbeiten und zu leben, konnte ich nicht widerstehen.
M. K.: Die Liebe zur Sonne, zur Landschaft und zur *art de vivre*.

Was genau machen Sie beruflich?

J. K.: Seit zehn Jahren arbeite ich in der Touristik-PR und als Reisejournalistin.
M. K.: Ich arbeite als freie Mitarbeiterin für verschiedene deutsche und französische Zeitungen. Seit der letzten Gemeindewahl bin ich auch Stadträtin der Stadt Valbonne.

Was prädestiniert Sie als MARCO POLO Autorinnen?

J. K.: Wir wohnen beide mittendrin: Nizza, Cannes und Antibes liegen direkt vor der Haustür. So sammelt sich über die Jahre ein großer Erfahrungsschatz an, und es macht Spaß, den weiterzugeben. Durch unsere deutsch-französische Zusammenarbeit konnten wir dem vorliegenden Band eine ganz besondere Note geben.

Wie sieht Ihre Freizeit aus?

J. K.: Freizeit findet draußen statt: Ausflüge in die Umgebung, Picknick am Strand, wandern im Hinterland, ein *goûter* mit Freunden – das ist das Wort für einen Nachmittagssnack.
M. K.: Freizeit ist Kultur – Kino, Theater, Ausstellungen und Festivals; für Freunde kochen; Natur – Ski fahren oder Picknick auf dem Schiff nahe der Île St-Honorat.

Mögen Sie die Nizzaer Küche? Ihre Lieblingsspeise?

J. K.: Ja, und es macht viel Spaß, neue Restaurants zu entdecken und neue Spezialitäten der großen Chefs auszuprobieren.
M. K.: Nach einem Bummel durch die Altstadt schmeckt eine frische *socca* aus Kichererbsenmehl am besten!

Können Sie sich vorstellen, irgendwann wieder in Ihrem Heimatland zu leben?

J. K.: Ich könnte mir vorstellen, irgendwann auch wieder nach Deutschland zurückzuziehen. Jedes Land hat seine schönen Seiten: Hier das Baguette, dort das Bauernbrot – beides ist perfekt!

> BLOSS NICHT!

Weinschorle bestellen

In Frankreich grenzt Weinkultur beinahe an Religion, und so gibt es einen wichtigen Grundsatz: Sie sollten den Gottesnektar nicht mit Wasser vermischen, ihn schon gar nicht so bestellen und eine Weinschorle erst daheim wieder genießen.

Kleine Parklücken wählen

Für Franzosen hat das Auto nicht den Wert wie für Deutsche. Nutzen Sie daher nicht die besonders engen Parklücken. Auch wenn Sie selbst beim Einparken zentimetergenau Abstand halten, Ihr Vorder- oder Hintermann sieht das möglicherweise nicht ganz so eng.

Badeschlappen vergessen

Nizzas Strände sind Steinstrände. Das Wasser ist dadurch zwar klar und blau – aber die Füße müssen leiden. Der Weg vom Handtuch zum Wasser? Mit Badeschlappen kein Problem!

Autotüren unverriegelt lassen

Wenn Sie an der roten Ampel keinen Besuch bekommen möchten: immer die Autotüren von innen verriegeln! Eine beliebte Falle von Trickdieben ist das Taschenstehlen aus stehenden Autos.

Den Kreisverkehr unterschätzen

Der zweispurige Kreisverkehr birgt für deutsche Autofahrer Gefahren. Vorsicht vor Autofahrern, die die innere Spur benutzen. Diese fahren oft unvermittelt bei der nächsten Ausfahrt hinaus – und zwar blitzschnell und ohne zu blinken! Da hat es schon so manches Mal gekracht.

Sich auf Öffnungszeiten verlassen

Viele Restaurants und Geschäfte geben entweder gar keine Öffnungszeiten an oder nehmen es nicht so genau damit. Ist das Wetter schlecht oder keine Kundschaft da, wird durchaus auch mal früher geschlossen.

Rechnungen ungeprüft bezahlen

Da wird gelegentlich aus einem Glas Wein ein *pichet*, oder ein Pastis, der in der Karte noch 3 Euro kostete, steht plötzlich mit 5 Euro auf der Rechnung ... Ach ja, und noch etwas – nie für einen Tisch getrennte Rechnungen verlangen. Das ist unüblich und stößt auf großes Unverständnis.

In der Mittagszeit shoppen gehen

Die Mittagspause ist heilig. Und selbst in einer Großstadt wie Nizza und selbst an einem Samstag, wenn der Tag oft um 12 Uhr erst richtig losgeht, schließen viele Geschäfte mittags ihre Türen. Genauso ist es mit vielen Museen. Lehnen Sie sich in der Mittagszeit also einfach zurück und genießen Sie das Leben!